Junior Luc ADENI AULE

Un Dieu, un cœur, une liberté

Junior Luc ADENI AULE

Un Dieu, un cœur, une liberté

Porté par la nature, un fil invisible relie l'unité divine, la lumière du cœur et la liberté sacrée

Éditions Croix du Salut

Cover image: www.ingimage.com

Publisher:
Éditions Croix du Salut
is a trademark of
Dodo Books Indian Ocean Ltd. and OmniScriptum S.R.L publishing group

120 High Road, East Finchley, London, N2 9ED, United Kingdom
Str. Armeneasca 28/1, office 1, Chisinau MD-2012, Republic of Moldova, Europe
Managing Directors: Ieva Konstantinova, Victoria Ursu
info@omniscriptum.com

Printed at: see last page
ISBN: 978-620-8-86356-2

Un Dieu, un cœur, une liberté

Dédicace

À tous les êtres de lumière,

enfants de Dieu, porteurs d'un cœur libre et d'une foi vivante.

Que ce livre vous accompagne sur le chemin de la vérité et de la liberté intérieure.

Remerciements

Je remercie Dieu, source première de toute vie, lumière éternelle et guide invisible, pour Sa présence infinie qui soutient chaque pas de ce chemin.

Je remercie du fond du cœur ma famille, pour son amour constant et sa présence silencieuse mais puissante.

À mes amis, compagnons de route et témoins de l'invisible, merci pour votre écoute et votre lumière.

Ma gratitude va aussi à la nature, cette grande gardienne silencieuse, qui m'a parlé dans le vent, les arbres, la pluie, et le feu.

À mes ancêtres spirituels, visibles et invisibles, qui ont tracé ce chemin avant moi et dont la sagesse murmure encore dans les silences de l'âme je vous honore.

À toutes celles et ceux qui, d'une manière ou d'une autre, ont nourri ce projet par un regard, une prière, une énergie ou une simple pensée : merci.

Vous avez été les racines invisibles de cette œuvre.

Avant-Propos

« Le cœur humain est le premier lieu de rencontre avec le Divin. »

Nous vivons dans un monde en tension. Un monde où les différences de culture, de langue, de religion ou de couleur de peau deviennent trop souvent des murs au lieu d'être des ponts. Et pourtant, derrière ces apparences, nous partageons une même soif celle de vérité, de sens, de paix intérieure… et de Dieu.

Ce livre est né d'une conviction profonde au-delà des noms, des traditions et des doctrines, **il n'y a qu'un seul Dieu**. Qu'on L'appelle Yahvé, Allah, Nzambi, l'Inconnaissable, ou qu'on Le cherche dans le silence d'un cœur en quête, la lumière divine parle à chacun, selon son histoire, sa culture, sa sensibilité.

Je n'ai pas écrit ces pages pour créer une nouvelle religion, ni pour opposer les unes aux autres. **J'écris pour relier.** Pour rappeler que la foi véritable est d'abord **vivante, libre, et intérieure**. Que la plus belle église, la plus pure mosquée, le plus sacré des temples… c'est le cœur humain ce sanctuaire secret où la conscience murmure ce qui est juste, et où l'amour discerne la vérité.

Dans un monde où l'on oppose foi et liberté, spiritualité et raison, traditions et modernité, je crois qu'il est temps de retrouver une voie du milieu : **celle d'une spiritualité universelle**, enracinée dans le cœur et ouverte à la diversité.

Je rends hommage ici à la sagesse africaine, souvent oubliée, mais pourtant riche d'enseignements, respect de la nature, lien avec les ancêtres, profondeur des proverbes, force des chants. L'Afrique, elle aussi, parle de Dieu avec dignité, avec feu, avec amour.

Ce livre s'adresse à toutes celles et ceux qui cherchent sans toujours savoir quoi ; qui doutent mais ne renoncent pas ; qui croient différemment mais aiment profondément.

À toi qui lis ces lignes : **ton cœur est un temple.** Ce chemin est le tien, libre et sacré.

Un Dieu, un cœur, une liberté :

- **Un Dieu** : Unique, au-delà des noms, des dogmes et des frontières ;
- **Un cœur** : Le sanctuaire vivant où naît la vraie foi ;
- **Une liberté** : Le droit inviolable de croire selon sa propre conscience.

Table des matières

Introduction

« Vers une spiritualité libre et universelle »

Dans un monde plus connecté que jamais, mais paradoxalement plus fragmenté, la question du sens devient urgente. Crises identitaires, conflits religieux, replis communautaires, perte de repères... Nombreux sont ceux qui cherchent une paix intérieure, un chemin, une vérité plus profonde que celle imposée par les dogmes.

Ce livre est né d'un appel intérieur, d'un désir personnel et collectif de dépasser les murs des institutions religieuses pour retrouver une foi vivante, libre et incarnée.

Je n'écris pas en tant que théologien, ni comme prophète. Je témoigne. Je parle en tant qu'un être humain sensible au besoin de la transcendance et à la soif de Dieu qui traverse notre époque, mais que l'on cherche trop souvent là où Il ne se laisse pas enfermer.

Une spiritualité au-delà des murs

La spiritualité n'est pas un luxe, elle est un souffle essentiel pour l'âme. Mais elle ne peut plus être enfermée dans des formes rigides, dogmatiques ou exclusives. Il est temps de retrouver une foi qui parle à la fois à l'intelligence et au cœur, une foi qui réconcilie, qui rassemble, qui inspire la paix.

C'est cette vision d'une spiritualité universelle, enracinée dans l'humain autant que dans le sacré, que ce livre propose d'explorer. Une spiritualité qui permet de prier dans une église, dans une mosquée, dans la nature ou dans le silence. Une spiritualité libre, humble, incarnée où chacun peut écouter cette voix intérieure qui murmure l'essentiel.

Trois piliers : Un Dieu, un cœur, une liberté

L'ouvrage s'articule autour de trois fondements simples mais profonds :

- Un Dieu : une unicité divine présente dans toutes les grandes traditions spirituelles, au-delà des langues et des cultures.
- Un cœur : sanctuaire intérieur, espace de discernement, d'amour, de conscience premier autel du Divin.
- Une liberté : liberté de croire, de douter, de prier ou de se taire, de vivre sa foi dans la sincérité de sa conscience.

Ces piliers dessinent le fil conducteur de chaque chapitre. Ils n'ont pas pour but d'uniformiser les croyances, mais de révéler l'unité dans la diversité, comme autant de rayons issus d'une même lumière.

Un Dieu, des multiples noms : Il existe, au-delà des frontières et des traditions, une vérité fondamentale : il n'y a qu'un seul Dieu. Qu'Il soit appelé Yahvé, Allah, Dieu, Brahman, Krishna,

Adonaï, Wakan Tanka, Nzambi[1], Mungu, Hu, El Shaddaï... c'est toujours vers le même Être suprême que l'humanité se tourne avec des mots différents, des rites divers, des chemins variés.

Ce livre n'oppose pas les religions. Il n'est pas une démonstration de supériorité d'une voie sur une autre. Il est une invitation à reconnaître l'unité divine dans la diversité humaine.

La plus grande église : le cœur

La véritable église n'est pas faite de pierre. Elle n'est pas un dogme. Elle est ce lieu intérieur, silencieux et sacré, où chacun peut discerner le bien du mal, écouter la voix de l'Esprit, et répondre à l'appel de l'Amour. Là où il y a une sincérité, une humilité, une quête de vérité, Dieu est déjà présent.

Et parce que Dieu est liberté, la foi doit être libre. Nul ne devrait être contraint de croire, de pratiquer, de se conformer à un culte sous la pression familiale, sociale ou religieuse. La vérité ne naît pas de la contrainte, mais d'un amour sincère.

Ce que ce livre propose

Ce livre n'est pas une vérité figée, mais une réflexion vivante.
Un pont entre les croyances.
Un souffle pour les âmes en quête de paix, d'unité et de liberté intérieure.

Les grandes thématiques abordées :

1. L'unicité divine et la diversité des croyances : Exploration du fait que Dieu est unique, bien que Ses noms, formes et expressions varient selon les peuples et les traditions.
2. Le cœur comme véritable Église : Réhabilitation du cœur comme espace sacré de rencontre avec le divin, au-delà des murs religieux.
3. Une foi libre, hors de toute contrainte : Affirmation de la liberté spirituelle comme droit fondamental, base d'une foi authentique et sincère.
4. La spiritualité universelle un chemin pour l'humanité : Plaidoyer pour une spiritualité qui unit plutôt qu'elle ne divise. Appel à l'unité à travers l'amour, la paix, la justice.
5. Agir pour la paix et la fraternité : La spiritualité ne doit pas rester théorique, elle appelle à l'action. À travers nos gestes, notre engagement, notre éthique.

Une invitation universelle

Ce livre est une méditation sur la foi, la liberté, et l'humanité. Il s'appuie sur des textes sacrés Bible, Coran, sagesse Bouddhiste, pensée Africaine, Philosophie humaniste pour montrer que derrière la diversité apparente se cache une vérité universelle.

Il pose une question centrale : Comment réconcilier la diversité des croyances avec l'idée d'un Dieu unique, d'une foi libre et d'une spiritualité universelle ?

[1] Nzambi : Dieu en Kongo

À travers ce voyage, tu es invité(e) à reconsidérer ta relation à la foi, au sacré, aux autres. Non pas pour croire comme moi, mais pour croire comme toi. Pour bâtir en toi une paix intérieure, libre et vivante.

Bienvenue dans ce chemin.
Bienvenue à toi.

Chapitre I

Un seul Dieu, des multiples noms

« Les chemins sont nombreux, mais la lumière est une. »

L'Unicité Divine et la Diversité des Croyances

Depuis les origines de l'humanité, l'homme a levé les yeux vers le ciel, cherchant des réponses à ses questions les plus profondes : *D'où venons-nous ? Pourquoi vivons-nous ? Que devient-on après la mort ?* Et dans cette quête universelle, une figure s'est imposée au fil des siècles, sous des formes variées : celle de Dieu.

Mais selon le lieu de naissance, la langue maternelle, la culture transmise, Dieu porte un nom différent. Pour certains, Il est *Dieu* le Père, pour d'autres *Allah*, *Adonaï*, *God*, *El Shaddaï*, *Krishna*, *Wakan Tanka*, ou encore *Grand Esprit*. Les mots changent, les traditions divergent, mais une chose reste constante la reconnaissance d'une puissance supérieure, invisible, source de vie, de sagesse et d'ordre.

Il serait illogique de croire que chaque peuple a inventé son propre Dieu. Il est plus raisonnable de penser que chaque peuple a découvert, à sa manière, des facettes d'un même Dieu. Comme un diamant observé sous des angles différents, chaque culture en reflète une lumière particulière.

L'un appelle Dieu *Miséricorde*, un autre *Justice*, un autre encore *Lumière* ou *Amour*. Aucun n'a tort. Chacun parle avec les mots de son expérience, de son histoire, de sa langue.

Le problème ne vient pas de ces différences, mais de l'oubli de l'essentiel que tous parlent du même Être suprême, même s'ils ne le nomment pas de la même façon. Ce n'est pas le nom qui rend Dieu réel. C'est la foi sincère, l'humilité du cœur, et la recherche de vérité.

Reconnaître cela, c'est déjà faire un pas vers la paix. C'est refuser de se battre pour des mots, et de choisir de s'unir autour de la présence d'un Dieu unique, universel et accessible à tous.

Pour mieux comprendre cette réalité, il suffit d'observer comment l'eau est nommée dans le monde.

- En français, on dit *eau*.
- En anglais, *water*.
- En arabe, *ma'*.
- En espagnol, *agua*.
- En swahili, *maji*.
- En mandarin, *shuǐ* (水).
- En portugais, *água*.
- Etc.

Les mots sont différents, mais la substance est la même : claire, vitale, fluide. L'eau ne change pas parce qu'on l'appelle autrement.

Il en va de même pour Dieu.

Prenons un exemple concret : un chrétien prie Dieu en appelant *Jésus-Christ*. Un musulman s'adresse à *Allah* avec les mots du Coran. Un Juif invoque *Adonaï* selon la tradition de la Torah[2]. Un hindou médite sur *Brahman* dans le silence de son esprit. Pourtant, chacun cherche à se relier au même Mystère, à la même Force supérieure, à cette présence invisible qui donne un sens à la vie.

Imaginons maintenant une montagne. Plusieurs sentiers en partent de différentes vallées. Certains passent par les forêts, d'autres longent les rivières, d'autres encore grimpent des falaises. Mais tous mènent au sommet. De loin, les chemins semblent opposer. Mais vus d'en haut, ils convergent vers le même point.

Ainsi sont les religions des chemins différents menant à Dieu. L'erreur ne vient pas du chemin, mais du jugement de celui qui pense que seul le sien est valable. Ce n'est pas le sentier qui fait la valeur du pèlerin, mais la sincérité de son cœur, la droiture de ses pas, et l'amour qu'il porte à ceux qu'il croise sur la route.

Cette vision n'efface pas les différences. Elle les honore, car la diversité est une richesse. Mais elle rappelle que la foi authentique cherche toujours l'unité et que Dieu, s'Il est vraiment Dieu, ne peut être divisé par les langues ni limité par les frontières humaines.

Il est temps de regarder l'humanité non plus comme un ensemble de religions opposées, mais comme une famille spirituelle en chemin vers la même lumière.

Dans le monde d'aujourd'hui, il peut être tentant de se laisser emporter par les différences de croyances et d'interprétations. Nous vivons dans un monde où les religions s'affrontent souvent, et où les interprétations du Divin peuvent créer des divisions. Pourtant, en creusant un peu plus profondément, on se rend vite compte que les bases fondamentales de toutes les grandes traditions spirituelles sont remarquablement similaires.

Prenons, par exemple, le commandement de l'amour. Dans le christianisme, Jésus nous enseigne : *« Aimez-vous les uns les autres comme je vous ai aimés[3]. »* Dans l'islam, le Coran dit également : *« Et si vous aimez Allah, suivez-moi[4]. »* Dans le bouddhisme, la compassion est *un pilier fondamental de la pratique spirituelle*. En Inde, les enseignements de *Krishna*[5] dans la Bhagavad-Gita[6] insistent également sur l'importance de *l'amour* et du *respect mutuel*.

Ces principes d'amour, de tolérance et de respect sont partagés par toutes les grandes religions du monde. Ce n'est pas un hasard. Ils viennent d'une même source l'expérience spirituelle de l'humanité face au Divin. Que l'on suive le Christ, Muhammad, Bouddha ou un autre guide spirituel, l'objectif ultime demeure l'unité avec Dieu et avec l'humanité.

---

[2] Torah : c'est le texte sacré fondamental du judaïsme.

[3] Jean 13:34, *La Bible*, Nouveau Testament.

[4] *Coran*, sourate 3, verset 31.

[5] Krishna est une figure majeure de la religion hindoue, considéré comme une incarnation du dieu.

[6] La Bhagavad-Gita, traduction de Sri Aurobindo, chapitre 12.

Ce que l'on oublie parfois, c'est que les religions sont avant tout des chemins d'amour, des voies vers la transformation de l'âme et non des murs qui séparent les peuples. Elles sont des réponses différentes à la même question *« Comment vivre en harmonie avec l'univers et avec Dieu » ?*

Un exemple fascinant nous est donné par les mystiques à travers l'histoire. Qu'il s'agisse de Saint-François d'Assise[7], de Rumi[8], ou d'un maître Zen Japonais[9], tous ont décrit une expérience intérieure similaire celle de la rencontre directe avec Dieu ou l'Absolu, au-delà de toute forme religieuse. Leur message est toujours le même, la recherche de Dieu transcende les frontières humaines et se trouve dans la rencontre intime du cœur avec le Divin.

Il est également essentiel de comprendre que les différences religieuses ne devraient pas être perçues comme des obstacles à l'unité. Au contraire, elles sont des expressions de la richesse de l'expérience humaine. Chaque culture, chaque civilisation a trouvé son propre moyen de rendre hommage à Dieu, en fonction de ses besoins spirituels et de son environnement. Ce qui est important, c'est de reconnaître que Dieu parle à chaque peuple dans un langage qu'il peut comprendre et ce langage varie selon les époques, les lieux et les besoins des individus.

Dans les Écritures chrétiennes, Jésus dit : *« Je suis le chemin, la vérité et la vie[10]. »* Mais que veut dire cette phrase dans un monde pluraliste où tant d'autres ont aussi leur propre vision du Divin ? Le chemin n'est pas un seul sentier, mais un réseau de routes convergeant toutes vers le même sommet. Si chacun suit son propre chemin avec sincérité, il finira par rencontrer la vérité universelle.

La reconnaissance de cette diversité n'implique pas la négation de la vérité. Au contraire, elle ouvre la voie à une vision plus profonde de Dieu, une vision qui va au-delà des frontières religieuses et culturelles. En nous concentrant sur l'unité du Divin, nous pouvons ouvrir nos cœurs à une forme de spiritualité inclusive, qui ne cherche pas à exclure, mais à unir. C'est ainsi que la véritable église se trouve dans notre cœur, dans cette capacité à aimer, à discerner, et à choisir librement notre manière de croire.

L'anthropologue Sénégalais Cheikh Anta Diop soulignait que la religion africaine n'était pas polythéiste (désigne une croyance religieuse qui reconnaît plusieurs dieux ou divinités.) au sens gréco-romain du terme, mais panenthéiste **Dieu est Un** et ses émanations multiples sont des formes de médiation, pas de divinités autonomes[11].

De la même manière, en Afrique, la relation au divin prend aussi des formes uniques mais profondément liées à cette recherche d'unité. Dans la pensée africaine, la nature est une manifestation du divin. On ne parle pas de "lecture" de la nature au sens occidental, mais de

[7] Saint François d'Assise, *Écrits*, traduction de Jacques Dalarun, Éditions du Seuil, 2003.
[8] Jalâl ad-Dîn Rûmî, *Le Livre du Dedans*, Albin Michel, 1998.
[9] Dôgen, *Shôbôgenzô*, traduction Kengan D. R. Nishijima, 1994 (exemple pour le maître zen).
[10] Jean 14:6, *La Bible*, Nouveau Testament.
[11] Cheikh Anta Diop, *Nations nègres et culture*, Présence Africaine, 1954.

dialogue avec les éléments vivants arbres, rivières, montagnes, vents, animaux, tous porteurs de souffle vital ce que les Bantous appellent le "Nto" ou "vitalisme" selon Placid Tempels[12].

Le philosophe camerounais Fabien Eboussi Boulaga disait que dans la tradition africaine, *Dieu ne se limite pas à une parole écrite, mais se révèle dans le vivant, dans les rythmes, dans la communauté et les ancêtres*[13].

Spiritualité africaine une unité et circularité (selon John Mbiti[14], Antoine Fabre[15], Kwame Gyekye[16])

- Le rapport africain au divin est souvent non-dualiste. Il n'y a pas de séparation nette entre le sacré et le profane, entre l'homme et la nature, entre la vie et la mort. Tout phénomène participe à l'harmonie d'un cycle sacré.
- La spiritualité africaine est souvent orale, symbolique, communautaire, et chaque nom de Dieu renvoie à une expérience locale du divin.

Par exemple, chez les Dogons du Mali, selon Marcel Griaule[17], Amma[18], le Dieu créateur, a créé le monde à partir d'un œuf cosmique. Ce Dieu est un principe d'harmonie qui traverse tous les plans de l'existence.

Chaque nom est une clé qui ouvre sur un attribut profond

Dans les cultures africaines, le nom a un pouvoir. Nommer Dieu selon le contexte (la pluie, la fertilité, la guérison, la justice...) ne divise pas Dieu, mais révèle ses multiples visages :
"Celui qui voit tout",
"Celui qui parle dans le vent",
"La Source",
"Le Vivant",
"Celui qui entend sans qu'on ne parle"...

C'est une métaphysique du lien non de la domination. On y perçoit une proximité avec la théologie mystique Dieu est à la fois connu et inconnaissable, présent et au-delà[19].

La pensée africaine traditionnelle, loin d'être primitive ou fragmentée offre une vision unifiant du divin où chaque peuple, chaque culture, chaque élément de la nature participe à la connaissance du tout.

Ainsi, ***« Un seul Dieu, des multiples noms »*** devient une philosophie de la relation, un appel à l'unité dans la diversité, à la reconnaissance de l'autre non comme une menace, mais comme une facette du même mystère.

---

12 Placide Tempels, *La Philosophie bantoue*, Présence Africaine, 1945.
13 Fabien Eboussi Boulaga, *Christianisme sans fétiche*, Présence Africaine, 1981.
14 John Mbiti, *African Religions and Philosophy*, Heinemann, 1969.
15 Antoine Fabre, *La Philosophie africaine traditionnelle*, Le Harmattan, 2000.
16 Kwame Gyekye, *An Essay on African Philosophical Thought*, Cambridge University Press, 1987.
17 Marcel Griaule, *Dieu d'eau*, Fayard, 1948.
18 Amma est une divinité centrale dans la mythologie et la cosmogonie du peuple Dogon au Mali.
19 Pensée (Martin Buber, Jean de la Croix, Maître Eckhart)

À méditer : et si Dieu avait semé sa lumière dans toutes les traditions, pour que chacun, selon son cœur et son langage, puisse le retrouver ? Et si cette diversité n'était pas un obstacle, mais une richesse ?

Dans le prochain chapitre, nous plongerons au cœur de l'être humain, ce sanctuaire vivant où la lumière divine se révèle, et où l'universalité de la vérité prend racine.

Chapitre II

Le cœur, véritable église

« Un sanctuaire vivant au cœur de l'âme [20]»

Le cœur, lieu du divin

Le cœur n'est pas seulement un organe battant au rythme de la vie. Il est l'église intérieure, où l'humain et le divin se rencontrent. Le cœur a toujours été, au fil des siècles et des cultures, cet endroit symbolique, porteur d'une sacralité intime, un lieu où la transcendance prend forme.

Le cœur dans les traditions africaines

Dans de nombreuses traditions africaines, le cœur est bien plus qu'un simple organe. C'est le lieu sacré où réside l'esprit, le souffle vital, la force invisible qui relie l'homme à la nature, aux ancêtres et au divin. ***« Le cœur est souvent perçu comme un temple vivant, un espace naturel et spirituel où se manifeste la vie dans son essence la plus pure. »*** Dans cette église invisible, chaque battement est une prière silencieuse, chaque émotion, une offrande.

Véritable autel de l'âme, le cœur accueille la divinité intérieure, cette flamme divine que les mystiques appellent ***« lumière intérieure », « esprit »*** ou ***« souffle de vie ».*** » Cette présence, bien que sans forme, elle est ressentie comme une force irréductible, une liberté absolue qui ne se plie ni aux dogmes ni aux chaînes extérieures.

Echos philosophiques et spirituels

Philosophiquement, cette idée trouve un écho chez les penseurs qui ont cherché à relier l'expérience intérieure à la quête du sacré.

- Plotin, dans sa vision de ***l'Un***, invite à retourner au centre de soi, au plus intime, pour toucher la source divine[21].
- De même, Blaise Pascal parle du ***« cœur qui a ses raisons que la raison ne connaît point »***, soulignant que c'est par le cœur que l'on accède à une vérité qui dépasse le rationnel[22].

Spirituellement, cette métaphore résonne chez les maîtres de diverses traditions. Le Bouddha enseignait *la pleine conscience du cœur*, et dans le christianisme, le *« Sacré-Cœur »* est un emblème d'amour divin et d'ouverture. Rumi, poète soufi, invite à *« écouter avec le cœur »* pour percevoir la musique de l'âme et se libérer des illusions du monde.

---

[20] John O'Donohue, il explore dans les œuvres, notamment dans *Anam Cara* et *To Bless the Space Between Us*.
[21] Plotin : dans le néoplatonisme, l'Un est au-delà de l'être mais aussi à l'origine et en toute chose.
[22] La célèbre expression de Blaise Pascal, Cette phrase se trouve dans ses *Pensées*, un recueil de réflexions sur la foi, la raison, et la condition humaine

Ainsi, le cœur est à la fois un temple et un espace de liberté. Liberté d'aimer, de ressentir, de croire, et surtout, liberté d'être. C'est là que s'opère la plus profonde relation entre l'humain et le divin, non dans des rites extérieurs, mais dans cette communion intime, cette église intérieure où l'âme s'éveille et trouve sa vraie demeure.

En Afrique, la foi incarnée

Les peuples d'Afrique ancestrale, profondément enracinés dans la nature, ont toujours su que le sacré ne se trouve pas uniquement dans des constructions en pierre ou dans des rituels complexes, mais dans le souffle du vent, dans le battement du cœur, dans la pulsation de la terre.

Le cœur est cette *« église naturelle »,* un sanctuaire ouvert où chaque homme peut communier avec les forces invisibles qui gouvernent le cosmos.

Par exemple, dans la tradition dogon du Mali, le cœur est le siège de la mémoire et de la sagesse ancestrale. Il est le lieu où l'homme porte l'esprit des ancêtres, cette présence éternelle qui guide, protège et éclaire. Le cœur devient alors un pont vivant entre le visible et l'invisible, entre l'humain et le divin.

Dans le morceau *« Kitoko »* de Youssoupha avec Fally Ipupa, il y a effectivement cette énergie profonde qui parle d'élégance, la fierté et la richesse de l'héritage africain qui touchent le cœur, comme un sanctuaire intime, de l'âme et de l'amour vrai. Ils évoquent l'importance d'aimer sincèrement, avec intensité et profondeur, pas seulement en surface ou par intérêt, mais comme une force intérieure, un feu qui habite le cœur.

Ce duo unit deux voix majeures de la musique africaine et afro-descendante, et leurs paroles renforcent l'idée que le cœur est ce lieu sacré, source d'authenticité, de résilience et de lumière.

De même, chez les anciens Égyptiens, le cœur (le ib)[23] était considéré comme le centre de la conscience et de la vérité. Lors du jugement des morts, le cœur était pesé contre la plume de Maât[24], symbole de justice et d'harmonie universelle. Ce lien entre cœur, vérité et liberté spirituelle illustre combien cet organe est une véritable église intérieure, un lieu de responsabilité morale et de quête de sens.

Naturellement, cette sacralité du cœur se manifeste aussi dans la relation de l'homme avec la nature. Les chamanes africaines (Sangoma, Marabout, Guérisseurs traditionnels)[25], par exemple, utilisent la respiration, le chant et la danse pour ouvrir leur cœur à la sagesse des éléments le vent, l'eau, le feu, la terre et ainsi renouer avec la source divine. Le cœur devient un espace de liberté, où l'homme n'est plus séparé du monde, mais en harmonie avec lui.

Philosophiquement, cette vision résonne avec la pensée d'Africains comme Cheikh Anta Diop, qui rappelait que la spiritualité africaine était profondément incarnée et liée à la vie quotidienne, où le cœur est à la fois un centre d'énergie et un foyer d'équilibre. C'est aussi l'écho

[23] Le Ib considéré comme un sanctuaire vivant au centre de l'être, en résonance avec ce que tu évoquais plus tôt.
[24] Maât est une déesse et un concept fondamental de l'Égypte ancienne, représentant l'ordre, la vérité, la justice,
[25] Ils sont des intermédiaires spirituels entre le monde visible (les humains) et le monde invisible (les esprits, ancêtres, forces naturelles).

de la sagesse d'Esope[26], conteur antique, qui dans ses fables illustre la nature humaine par le prisme des animaux et de leurs instincts un rappel que le cœur est en lien direct avec la nature, source première de liberté et de vérité.

Ainsi, le cœur africain est une église naturelle, un temple vivant façonné par les rythmes du monde, un lieu sacré où se joue la relation intime entre l'homme et le divin, entre l'humain, la nature et les ancêtres. Il est la demeure de la liberté véritable, celle qui naît de la reconnaissance de soi dans le grand mystère de la vie.

Une église sans murs

Un sanctuaire sans murs, l'homme a bâti des cathédrales, des mosquées, des temples et des sanctuaires, croyant y rencontrer Dieu. Et ces lieux, splendides et puissants, peuvent inspirer et rassembler. Mais aucun mur, aussi majestueux ne soit-il, ne peut contenir le Mystère divin.

Le véritable sanctuaire n'est pas de pierre. Il est vivant. Il bat dans notre poitrine. Le cœur humain est la première et la plus sacrée des églises. C'est là que Dieu nous parle non pas toujours avec des mots, mais avec des élans de conscience, des intuitions profondes, des appels à aimer, à pardonner, à agir justement.

Textes sacrés et sages

Le cœur lieu universel de la présence divine, toutes les grandes traditions s'accordent sur cette vérité :

- La Bible : « *Ne savez-vous pas que vous êtes le temple de Dieu, et que l'Esprit de Dieu habite en vous*[27] *?* »
- Le Coran : « *Nous sommes plus proches de lui que sa veine jugulaire*[28]. »
- La Bhagavad-Gîtâ : « *Je réside dans le cœur de chaque créature*[29]. »
- Le Bouddha : « *Tout ce que nous sommes résulte de ce que nous avons pensé. Le cœur est tout*[30]. »

Même dans la franc-maçonnerie et les écoles ésotériques comme la Rose-Croix, l'homme est vu comme un temple intérieur en construction. Le "*Grand Architecte*[31]" symbolise cette lumière divine que chacun est libre d'accueillir dans son cœur.

La voix du cœur est une religion vécue, pas récitée

Quand un enfant partage spontanément, quand une personne pardonne sans y être forcée, quand on ressent qu'un acte est juste ou injuste c'est le cœur qui parle.

---

[26] Ésope est un fabuliste grec légendaire, traditionnellement considéré comme l'auteur des Fables d'Ésope.

[27] 1 Corinthiens 3:16, *La Bible*, Nouveau Testament.

[28] *Coran*, Sourate Qaf 50:16.

[29] *La Bhagavad-Gita*, chapitre 18:61.

[30] *Dhammapada*, verset 1

[31] Dans la Franc-Maçonnerie, les traditions, les philosophies et mouvements spirituels. Le terme « Grand Architecte de l'Univers » désigne la divinité suprême, source de toute création et ordre universel.

La vraie foi ne commence pas par des dogmes, mais par une intention pure. Comme disait Saint François d'Assise « *Prêche toujours l'Évangile. Si nécessaire, utilise les mots.* » Et Rûmî ajoutait « *Tu es une maison de prière vivante. Entre en toi-même.* »

Le cœur africain est un temple de résistance et de sagesse

1. Une foi enracinée avant les religions importées

Bien avant l'arrivée des religions révélées, l'Africain priait déjà. Il reconnaissait l'Esprit unique à travers la nature, les ancêtres, les forces invisibles. Il ne voyait pas Dieu comme extérieur, mais comme intime, immanent, vivant dans le cœur.

Des proverbes africains traduisent cette vision :

- « *Si tu veux parler à Dieu, parle à ton cœur.* » (Proverbe akan, Ghana) ;
- « *La bouche peut mentir, mais pas le cœur. C'est par le cœur qu'on prie.* » (Afrique de l'Ouest) ;
- « *Dieu est comme le vent : tu ne le vois pas, mais tu sens sa présence.* » (Tradition Bantoue).

2. Figures emblématiques : Kimbangu, Lumumba, Nelson Mandela ....

- Simon Kimbangu (1887-1951), visionnaire congolais, disait : « *Le salut ne vient pas du blanc, mais du Dieu vivant dans le cœur des Africains.* » Il fut persécuté, mais son message vécut la dignité noire et la révélation intérieure. Pour Kimbangu, le cœur africain est un sanctuaire sacré où réside la véritable divinité, une église intérieure que nul envahisseur ne peut profaner. Sa résistance spirituelle repose sur cette foi intime et inébranlable.

- Patrice Lumumba (1925-1961), héros de l'indépendance, écrivait dans sa dernière lettre : « *L'histoire dira un jour que l'Afrique a des enfants dignes de respect.* » Son combat pour la liberté extérieure était aussi un appel à la liberté intérieure, la vraie, soulignant que la dignité et la souveraineté commencent par un cœur libre. Le cœur est ce lieu saint intérieur où se forge la résistance, la conscience de soi et la force d'affirmer sa valeur en tant qu'Africain.

- Nelson Mandela (1918–2013), « *Être libre, ce n'est pas seulement se débarrasser de ses chaînes, c'est vivre d'une manière qui respecte et renforce la liberté des autres.* » Mandela invite à faire du cœur un temple de compassion et de respect, une véritable église où s'élève la prière active pour la justice et la paix[32].

- Kwame Nkrumah (1909-1972) prônait l'unité africaine fondée sur des valeurs spirituelles partagées, où le cœur collectif est le lieu saint de la renaissance africaine. Le cœur devient un sanctuaire commun, un espace sacré d'appartenance et de solidarité, fondement de la liberté politique et culturelle.

[32] Nelson Mandela (1918–2013), *Un long chemin vers la liberté*, autobiographie, 1994

- Thomas Sankara (1949-1987), « *L'esclave qui ne se libère pas dans sa tête ne sera jamais libre.* » Il insiste sur la libération intérieure, sur la nécessité de purifier le cœur, ce temple personnel et collectif, pour bâtir une société juste et libre.

- Wangari Maathai (1940-2011), Sa lutte écologique était aussi une célébration de la vie et du lien sacré entre l'homme et la nature, où le cœur humain est un lieu de respect et d'harmonie. Le cœur est ce sanctuaire où naît la conscience écologique, une église vivante dédiée à la protection du monde.

Ces figures nous enseignent que le cœur est bien plus qu'un organe, c'est un sanctuaire intérieur, une église vivante, un lieu saint où résident la dignité, la sagesse, la résistance et l'espérance. Leur combat, qu'il soit spirituel, politique ou écologique, commence toujours dans ce lieu sacré, source de transformation et de libération.

Le cœur, en tant que temple vivant, est au centre de la sagesse, de la résistance et de la renaissance des peuples africains et afro-descendants.

- Marcus Garvey, Père du panafricanisme moderne, prônait la fierté noire et l'émancipation spirituelle. Pour lui, le cœur noir est un sanctuaire de dignité et d'espoir, un lieu où s'élabore la foi en un avenir libre.
- Malcolm X, Dans son parcours de transformation, insiste sur la libération intérieure, la reconquête du cœur et de l'esprit comme base pour toute émancipation.
  Son message d'éveil du cœur est essentiel pour bâtir une communauté forte et consciente.
- Frantz Fanon, Psychiatre et penseur anticolonial, parlait de la guérison des blessures psychiques du colonisé. Il considérait que la libération authentique passe par la reconstruction du cœur, ce lieu intime où se reforme l'identité et la force collective.
- Angela Davis, Militante afro-américaine, elle voit dans la résistance politique une expression profonde du cœur engagé où chaque combat est un acte sacré pour la justice. Elle invite à transformer la souffrance en sagesse et à faire de la lutte un acte spirituel.
- Aimé Césaire, Poète et homme politique martiniquais, il a magnifié le cœur noir comme foyer de mémoire, de douleur, mais aussi de résilience et de beauté. Pour Césaire, la négritude est une église intérieure où s'élèvent la conscience et la fierté.

Ces voix afro-descendantes nous rappellent que le cœur est ce sanctuaire vivant d'où jaillissent la force, la sagesse et la résistance face à l'oppression. Dans ce lieu sacré intérieur, s'élève la prière de liberté, la mémoire des ancêtres et l'espérance d'un futur libéré.

Une spiritualité décolonisée est ouverte et libre

Aujourd'hui encore, l'homme noir souvent marginalisé garde sa plus grande force un cœur invincible, capable d'aimer, de résister, de croire.

La spiritualité africaine traditionnelle, longtemps diabolisée, retrouve sa noblesse :

- Pas fondée sur la peur du châtiment,
- Mais sur l'harmonie, l'écoute intérieure, le respect du vivant.

Un maître yoruba disait : *« Si ton cœur est en paix, Dieu t'écoute, même si tu ne sais pas parler. »* [33]

Pourquoi le cœur est la meilleure église ? Le cœur est :

- Universel : aucune race, aucun peuple n'en est exclu ;
- Libre : nul ne peut forcer une foi sincère ;
- Intime : Dieu s'y révèle personnellement ;
- Indestructible : ni guerre, ni colonisation ne peuvent l'éteindre.

Et quand le cœur est pur, il devient un miroir où Dieu peut se refléter.

Une foi intérieure est un appel universel :

- Le Christ disait « *Ce peuple m'honore des lèvres, mais son cœur est éloigné de moi.* »[34]
- Le Coran ajoute « *Malheur aux prieurs qui sont distraits dans leur prière...* »[35]
- Et le Prophète Muhammad (paix et bénédictions sur lui) rappelle *« Dieu ne regarde pas vos corps ni vos apparences, mais il regarde vos cœurs. »*[36]

C'est donc dans le cœur que naît la vraie foi, Une foi sans contrainte, Une foi sincère et Une foi libre.

Si Dieu réside dans le cœur, alors nul n'a le droit de dicter comment Le prier. Ni dogme, ni tradition, ni pouvoir ne peuvent emprisonner la foi vivante. Car ce qui est pur devant Dieu, c'est la sincérité nue.

Après avoir exploré les fondements historiques, philosophiques et culturels qui forgent notre compréhension du cœur et de la foi, il est temps de tourner notre regard vers une dimension essentielle : la liberté intérieure qui permet à la foi de s'épanouir pleinement.

Ce n'est pas seulement dans les dogmes ou les rituels que la foi trouve sa force, mais dans ce lien vivant, unique et profondément personnel que chaque individu tisse avec le divin.

"Le chapitre qui suit, « Une foi libre », nous invite à découvrir cette spiritualité libérée des contraintes, ouverte à la diversité des chemins, et portée par le souffle d'une liberté authentique."

[33] Proverbe spirituel yoruba (tradition orale). Ce dicton met en lumière l'importance de l'état intérieur plutôt que de la forme extérieure de la prière. Dans la sagesse yoruba, c'est le cœur pur, aligné avec l'harmonie cosmique, qui attire l'écoute des orishas (divinités) et du Dieu suprême, Olódùmarè.
[34] Matthieu 15:8, La *Bible* (voir aussi Ésaïe 29:13).
[35] *Coran*, Sourate 107 (Al-Mā'ūn), verset 4-5.
[36] Hadith rapporté par Sahih Muslim, *Livre 1*, Hadith 344.

Chapitre III

Une foi libre

« Sans cage, sans masque, sans crainte »

Héritage et spiritualité ancestrale

Quand j'étais enfant, ma grand-mère me disait : « *Le Dieu que tu cherches dans le ciel dort peut-être dans le silence de ton cœur.* »[37]

Elle n'était jamais allée à l'église. Pourtant, elle priait chaque matin, en parlant au feu, à l'eau, aux ancêtres, aux oiseaux qui venaient picorer le mil. Sa foi n'avait pas de livre, mais elle avait des racines. Elle m'apprenait à écouter le vent, à observer les nuages, à marcher pieds nus dans la brousse pour sentir le rythme de la terre. Elle disait encore : « *Celui qui ne sent pas la vie en lui n'entendra jamais Dieu dehors.* »

Sa foi était libre. Elle ne cherchait pas à convaincre, encore moins à condamner. Elle vivait simplement.

Dans les terres du Burkina Faso, on raconte l'histoire de Sogo[38], un jeune Bissa qui refusait de suivre les prêtres du village dans leurs rites. Il passait ses journées à écouter les vieux, à parler aux arbres, à marcher seul au bord du fleuve. On le prenait pour un rêveur. Mais quand la saison des pluies tarda à venir, c'est à lui qu'on demanda de parler à la terre. Et la pluie vint.

Sa foi n'était pas dans les gestes appris, mais dans l'écoute profonde. Il disait : « *La foi, c'est comme l'eau sous la terre, on ne la voit pas, mais c'est elle qui fait tout pousser.* »

Cheikh Amadou Bamba (1853–1927), au Sénégal, est un autre exemple. Fondateur du mouridisme[39], il prônait une foi libérée des pouvoirs coloniaux, une spiritualité active, intérieure, enracinée dans l'amour et le travail. Son exil, ses poèmes, son silence face aux armes, tout parlait d'une foi inébranlable, libre, paisible. Pour lui, servir Dieu, c'était cultiver l'humilité et la dignité de l'homme, au-delà des chaînes et des lois humaines[40].

Dans le Mali ancien, l'empereur Sunjata Keïta (vers 1217–1255) invoquait les forces du monde non pour dominer, mais pour unir. ***« Il croyait que la force d'un roi venait de son lien***

---

[37] Cette citation reflète une profonde sagesse spirituelle qui suggère que la recherche de Dieu ne réside pas uniquement dans les rituels extérieurs ou dans le ciel, mais dans l'intimité du cœur humain.

[38] Sogo L'enfant du silence

[39] Mouridisme : Foi, travail et liberté Au cœur du Sénégal,

[40] Cette pensée est attribuée à Cheikh Amadou Bamba Mbacké (1853–1927), fondateur de la confrérie mouride. Poète mystique, résistant spirituel à la colonisation française, Serigne Cheikh Tidiane Sy, *Cheikh Ahmadou Bamba, le saint homme de Touba*, Dakar, Éditions Khadimoul Rassoul, 1998.

avec l'invisible, et que ce lien ne pouvait être vrai que s'il était libre. » C'est dans cette vision que le cœur du peuple battait une foi qui ne séparait pas la politique, le sacré et la nature, une foi totale, enracinée, vivante.[41]

Aujourd'hui encore, dans les villages, les marchés, les veillées, cette foi libre respire. Elle n'a pas de nom unique. Elle peut s'appeler *Nzambé*[42], *Mawu*[43], *Ruhanga*[44], *Olodumare*[45], ou ne pas s'appeler du tout. Elle est dans la danse, dans le chant, dans le partage du repas, dans le silence des anciens qui ferment les yeux pour mieux entendre le monde.

La nature d'une foi libre

Une foi libre, c'est celle qui ne cherche pas à posséder Dieu. C'est celle qui l'honore en vivant pleinement, en respectant la vie, en écoutant l'autre. C'est une foi qui ne demande ni preuve ni miracle, mais seulement un cœur ouvert, une main tendue, une parole juste

La liberté de croyance est l'un des plus grands dons que l'humanité ait reçus. Elle est la pierre angulaire sur laquelle s'édifient toutes les grandes traditions spirituelles et religieuses. *Dieu, qu'il soit connu sous de nombreux noms, n'a jamais voulu que l'homme soit réduit à une pratique imposée ou une foi contrainte.*

La foi, dans sa forme la plus pure, ne naît pas de la peur, ni de la soumission. Elle se nourrit du *choix libre* de l'individu, d'un acte profond de la volonté intérieure. C'est la *liberté intérieure* qui ouvre les portes du cœur et permet à la lumière divine d'y entrer. Une foi qui s'épanouit dans cette liberté ne peut que grandir en profondeur, en sincérité et en vérité.

Le droit de croire ou de ne pas croire dans l'histoire de l'humanité, de nombreuses guerres et persécutions ont été menées au nom de la foi. Mais la véritable foi ne se soumet pas à la violence. Elle ne cherche ni à imposer ses croyances, ni à détruire celles des autres. C'est une conviction intime, non un dogme imposé par la force.

Liberté et textes sacrés

- Dans le Coran, il est écrit : *« Nulle contrainte en religion, car la voie droite s'est distinguée de l'égarement. »* [46]
- Dans la Bible, Jésus rappelle à ses disciples : *« Celui qui veut être mon disciple, qu'il vienne à moi librement*[47]*. »*

Cette idée de liberté dans la foi est également présente dans de nombreuses autres traditions religieuses et philosophiques. Dans le bouddhisme, il est enseigné que *la voie vers l'éveil ne peut être imposée, mais qu'elle se pratique individuellement, dans la recherche du Dharma,*

---

[41] Djibril Tamsir Niane, *Soundjata ou l'épopée mandingue*, Présence Africaine, 1960.
[42] Nzambé : Dieu en pays Kongo
[43] Mawu: Dieu chez les Ewe du Togo et du Bénin.
[44] Ruhanga : en pays Banyankole, en Ouganda, est l'origine, la source, le créateur sans visage.
[45] Olodumare : chez les Yoruba, est le Dieu suprême, le Tout,
[46] *Coran*, Sourate 2:256.
[47] Matthieu 11:28, *La Bible*, Nouveau testament.

la vérité intérieure. Le yoga[48] dans la tradition hindoue n'est pas un chemin contraint mais un *chemin de libération, où chacun est invité à trouver son propre chemin vers l'Unité divine, selon ses expériences et son cœur.*

La foi universelle et l'unité spirituelle

La foi sans frontière est une invitation à l'unité, la véritable foi est universelle. Elle transcende les cultures, les races et les religions. Elle réunit l'humanité, non pas en imposant une seule manière de croire, mais en permettant à chacun de trouver son propre lien avec le Divin.

Les ancêtres de l'Afrique, dans leur profonde sagesse, ont toujours compris cette liberté, loin de chercher à imposer une croyance, ils cherchaient à créer un lien sacré avec les forces de la nature, les ancêtres et l'Esprit divin. *L'Afrique traditionnelle* n'a pas une foi unifiée, mais elle a une approche commune de *l'unité avec le cosmos et du respect des différents chemins spirituels.*

Le célèbre Cheikh Ahmadou Bamba, une grande figure de la spiritualité musulmane sénégalaise, disait : *« Dieu est en chacun de nous, et chaque croyant suit sa propre voie, tant que c'est avec sincérité et amour. »*

Il ne s'agissait pas de forcer quiconque à adopter une pratique stricte, mais de reconnaître que chaque cœur, chaque être humain, porte en lui une relation unique avec le divin.

L'authenticité, le cœur comme guide suprême. La foi ne peut jamais être authentique si elle est imposée par la peur ou par la contrainte. *La vraie foi est celle qui vient du cœur*, qui s'épanouit dans un espace de liberté, où l'individu peut chercher, expérimenter et vivre sa propre relation avec Dieu.

Cela a été dit par l'un des plus grands mystiques de l'histoire : Rûmî, le poète soufi, qui a écrit *« Ne cherche pas la vérité à l'extérieur de toi, elle est en toi, dans ton cœur. »*

Ainsi, *la foi libre* est celle qui est choisie consciemment, celle qui est vécue dans l'harmonie entre le corps, l'esprit et le cœur. C'est une foi qui se nourrit de questions, de doutes, de recherches, mais aussi de moments d'extase et de gratitude profonde envers l'Invisible.

La foi véritable est *vivante* et *en constante évolution.* Elle n'est pas figée dans un livre ou un dogme, mais *elle se transforme au fil des expériences, des rencontres et des révélations personnelles.*

La diversité des chemins vers le divin et les figures modernes de la foi libre

L'exclusivité dans la foi, chacun son chemin vers Dieu. Les religions, en tant qu'institutions, sont des moyens d'atteindre la Vérité, mais elles ne sont pas la Vérité elle-même. Chaque

[48] Yoga est une Discipline traditionnelle indienne visant à libérer l'âme de sa condition existentielle, dans l'union à l'absolu, par un ensemble de pratiques psychiques et corporelles.

chemin spirituel, chaque tradition religieuse, est un reflet partiel de l'ensemble de la réalité divine. Il est donc crucial de respecter le chemin de l'autre, même s'il est différent du sien.

Dans le bouddhisme, on dit : *« Il y a mille chemins vers la montagne, mais tous mènent au sommet. »*[49]

Le chemin de l'Indouisme, du Christianisme, du Judaïsme, de l'Islam, ou encore des traditions africaines anciennes, sont des routes qui permettent de comprendre et de ressentir *la présence de Dieu sous des formes diverses*. La beauté de la foi libre réside dans *le respect des différences, et dans la reconnaissance que chacun a le droit de vivre sa spiritualité sans entrave.*

Les exemples modernes, *la liberté d'être soi.* De nombreuses personnalités, à travers l'histoire moderne, ont incarné cette liberté spirituelle et ont affirmé la puissance de croire sans contraintes extérieures.

Prenons l'exemple de Nelson Mandela, qui, tout en étant un homme de la foi chrétienne, a toujours prôné une *tolérance spirituelle* envers tous les peuples d'Afrique du Sud, de toutes les croyances. Lors de son discours d'investiture, il a dit : *« Nous ne devons pas être un peuple de racines coupées, mais de racines vivantes qui nous unissent. »*

De même, Desmond Tutu, cet Eminent Archevêque Sud-africain, a souvent insisté sur l'importance de *la liberté de conscience* et de la *reconnaissance des différentes religions comme autant de chemins vers l'amour et la paix.*

Foi libre, monde uni, droit fondamental

Une foi libre pour un monde uni, une foi libre ne consiste pas à choisir n'importe quelle voie, mais à s'engager sur une voie qui est *authentique et sincère, selon les principes de respect et d'amour.*

Le monde spirituel, dans sa diversité, est comme un grand fleuve dans lequel chaque religion, chaque croyant est une goutte d'eau. Et chacune de ces gouttes participe à la grande mer de l'amour universel, qui est l'essence de Dieu, et c'est dans cette liberté sacrée que réside la paix véritable.

La foi libre nous permet de renouer avec notre humanité commune, d'unir nos différences dans la richesse de la diversité, sans imposer ni juger.

La quête spirituelle est une aventure personnelle, libre de toute contrainte. Chaque être humain, dans sa singularité, a la possibilité de choisir la manière dont il se connecte au divin. Dieu, dans Sa présence infinie, est partout et dans tout, mais la façon dont chaque individu perçoit et suit ce lien peut varier. C'est cette liberté de croyance qui constitue un droit fondamental, permettant à chacun de chercher Dieu selon son cœur et ses aspirations.

[49] Proverbe d'inspiration bouddhiste, souvent cité dans les milieux zen.

Une liberté pour choisir sa voie spirituelle, la liberté spirituelle est un principe fondamental de toutes les traditions religieuses authentiques. Que l'on soit chrétien, musulman, athée, juif, rosicrucien ou d'une autre tradition, la liberté de suivre Dieu ou une voie spirituelle doit être laissée au libre arbitre de chacun. Comme le dit l'ancien Pape de l'Église catholique Jean-Paul II (1920–2005), *Message pour la Journée mondiale de la paix*, 1er Janvier 1988 : ***« La liberté religieuse est un droit fondamental de la personne humaine. Elle est la base du respect des autres droits humains. »*** Cela signifie que chacun est libre de choisir sa propre manière de croire, de prier et de vivre sa relation avec le divin.

Dieu est partout, unité dans la diversité

Dieu est partout, l'unité dans la diversité des croyances, l'un des principes universels qui émerge à travers toutes les religions est la présence de Dieu partout. Quoique les traditions diffèrent, elles se rejoignent sur ce point fondamental : Dieu est omniprésent et agit dans chaque aspect de la vie. Chez les chrétiens, Dieu est souvent perçu comme un père bienveillant et proche de ses enfants, comme l'exprime Jésus dans l'Évangile de Matthieu *"Si vous, qui êtes mauvais, savez donner de bons cadeaux à vos enfants, combien plus votre Père céleste donnera-t-il de bonnes choses à ceux qui les lui demandent."*[50]

Pour les musulmans, Dieu (Allah) est omniprésent et proche de Ses créatures, comme le Coran l'exprime dans la sourate Al-Baqarah : *"Et quand Mes serviteurs t'interrogent sur Moi, alors Je suis proche. Je réponds à l'appel de celui qui M'invoque quand il M'appelle*[51]*."* Les juifs, dans leurs prières quotidiennes et dans leurs écrits sacrés, témoignent également de la proximité de Dieu, en particulier à travers la prière du Shema qui rappelle l'unité de Dieu et Sa présence omniprésente *"Écoute, Israël, le Seigneur notre Dieu est l'Unique."*[52]

Les voies de la spiritualité une diversité et liberté de croyance, la manière de suivre Dieu, bien qu'elle soit fondée sur un même principe d'omniprésence divine, varie selon les croyances et les cultures.

- Les chrétiens : L'un des fondements du christianisme est l'idée que Jésus-Christ est la voie vers Dieu. *Les chrétiens croient en un Dieu incarné en Jésus,* ce qui leur donne une relation directe et personnelle avec Lui. Leur foi est souvent vécue dans l'Église, à travers la prière, la méditation et les sacrements.
- Les musulmans : Le Coran, texte sacré de l'islam, souligne l'importance de la soumission à la volonté de Dieu. La prière, la charité, le jeûne et le pèlerinage font partie des pratiques qui unissent les croyants. Allah est perçu à la fois comme un créateur omnipotent et un guide miséricordieux pour ceux qui Lui rendent hommage. Les musulmans, tout en respectant les enseignements de Muhammad, trouvent aussi Dieu dans les actes quotidiens de bonté et de dévotion.
- Les juifs : Dieu est *indivisible* et *unique*, comme le souligne la prière du Shema. La relation à Dieu est vécue à travers l'étude de la Torah et l'observation des Mitzvot

---

[50] Matthieu 7:11, La *Bible*, Nouveau Testament.
[51] *Coran*, Sourate 2:186.
[52] *Shema Yisrael*, Deutéronome 6:4.

(commandements). Leur voie spirituelle est marquée par une alliance avec Dieu, fondée sur la Loi et la justice.

- Les athées : Bien qu'ils ne croient pas en une divinité personnifiée, peuvent éprouver une forme de spiritualité profonde dans l'humanisme, la nature ou la quête de sens dans la vie. Ils rejettent la notion d'un Dieu transcendant mais se tournent vers des valeurs humaines, éthiques et rationnelles pour guider leur existence. Albert Einstein[53] lui-même, bien qu'athée, a dit : *"La religion de l'avenir sera une religion cosmique. Elle transcendera un Dieu personnel et évitera les dogmes et la théologie."* Ainsi, même sans Dieu traditionnel, l'athéisme peut offrir une voie spirituelle alternative basée sur la compréhension du monde.
- Les Rosicruciens : Dans la tradition des rosicruciens, Dieu est vu comme une *source universelle d'énergie et de lumière*. Leur foi se base sur des principes ésotériques[54], combinant spiritualité et science. Ils croient en l'évolution spirituelle de l'individu, où chaque être humain, à travers l'initiation et la quête intérieure, se rapproche du divin.
- Les traditions africaines : Dans les religions traditionnelles africaines, Dieu est omniprésent et se manifeste à travers la nature, les ancêtres et les esprits. Le divin est souvent perçu comme une force vivante qui imprègne tout l'univers. Le créateur (par exemple Nyame[55] chez les Akan) est à la fois distant et proche, et chaque personne est vue comme étant en relation continue avec les forces divines par les rituels, les prières et la communion avec la nature.

Les dangers du dogmatisme

Malheureusement, dans l'histoire, certaines structures religieuses ont imposé des dogmes rigides et des croyances exclusives, oubliant que Dieu est une présence vivante et accessible à tous. L'Inquisition en Europe, les persécutions des hérétiques et des individus hors des normes religieuses ont souvent abouti à des abus au nom de la foi. Par exemple, la persécution des hérétiques catholiques au Moyen Âge et les croisades ont imposé une voie unique, au détriment de la diversité spirituelle.

Les évangélistes chrétiens et les prédicateurs musulmans extrémistes ont parfois déformé le message d'amour et de paix en des appels à la violence, excluant ceux qui ne suivaient pas leur voie. Mais une approche spirituelle véritable doit respecter la liberté individuelle de chacun de se connecter à Dieu à sa manière.

L'appel à une spiritualité authentique et libre

Les grands mystiques de l'histoire, comme Rûmî en islam, Saint François d'Assise chez les chrétiens, ou Baba Sawan Singh dans le mouvement spirituel Radha Soami, ont tous souligné

---

[53] Citation attribuée à Albert Einstein (1879–1955), tirée d'un échange rapporté dans *The New York Times Magazine*, 9 novembre 1930.

[54] Ésotérique est une Doctrine suivant laquelle certaines connaissances ne peuvent ou ne doivent pas être vulgarisées, mais communiquées seulement à un petit nombre de disciples.

[55] Nyame est la divinité suprême dans la cosmologie akan (Ghana, Côte d'Ivoire), considérée comme créatrice de l'univers et détentrice de l'ordre moral, Kwame Gyekye, *African Cultural Values*, Sankofa Publishing, 1996.

que la véritable foi ne se mesure pas à l'appartenance à une institution religieuse, mais à la sincérité du cœur et à l'amour du divin.

Rûmî disait *"Ne viens pas avec des dogmes, viens avec ton cœur."* Cela invite à une approche spirituelle libre, dans laquelle chacun, quel que soit son chemin, peut goûter la proximité de Dieu.

Dieu est partout, et chaque individu à la liberté de le chercher à sa manière, selon sa tradition, son histoire et ses besoins spirituels. Les différentes voies spirituelles ne sont pas opposées, mais complémentaires. Le chrétien, le musulman, le juif, l'athée, le rosicrucien et l'Africain traditionnel peuvent tous trouver Dieu dans leur propre expérience de vie, dans leur quête intérieure.
La liberté de croire est le fondement de cette recherche. Que l'on prenne la voie de la prière, de la méditation, de l'action ou de la contemplation, tant que cette quête est sincère, elle est une voie vers la vérité divine. La religion, au final, n'est pas un chemin rigide, mais un voyage de l'âme vers l'illumination intérieure.

La foi libre ouvre un espace sacré où chacun peut marcher à son rythme, parler à sa manière, croire selon son cœur. C'est dans cette liberté profonde que naît un nouveau regard : celui qui ne voit plus les différences comme des frontières, mais comme des couleurs d'un même tableau. Car au-delà des rites, des noms, des langues et des livres, il existe une source unique, un souffle commun. Là où la liberté du cœur s'épanouit, elle révèle que **l'unité ne nie pas la diversité, elle en est la lumière.**

Chapitre IV

L'unité dans la diversité spirituelle

« Quand la liberté du cœur révèle l'unité derrière les différences »

La nature, dans sa beauté et sa diversité, est un reflet puissant de l'unité derrière les différences. Elle nous enseigne que l'harmonie peut émerger lorsque chaque élément, bien qu'unique, s'intègre dans un tout plus vaste et plus profond. À l'image de la nature, chaque être humain porte en lui des caractéristiques distinctes, qu'elles soient culturelles, spirituelles ou individuelles, mais tous sont liés par une essence commune, une vérité universelle qui dépasse les apparences extérieures.

La liberté du cœur, c'est la capacité de se détacher des jugements limitatifs et de reconnaître la beauté dans la diversité, de voir au-delà des différences superficielles pour percevoir l'unité sous-jacente. C'est un état de conscience qui nous permet de vivre pleinement nos différences tout en partageant une même humanité, un même lien invisible. La nature, en étant à la fois une multitude de formes et un ensemble cohérent, nous montre que l'unité ne réside pas dans l'homogénéité, mais dans la reconnaissance et l'acceptation des différences qui coexistent et se complètent harmonieusement.

Ainsi, lorsque le cœur s'ouvre à cette liberté, il devient capable de percevoir cette unité profonde, non seulement dans la nature, mais aussi entre les êtres humains. Il s'agit d'une invitation à vivre en paix, en solidarité et en respect mutuel, tout en célébrant ce qui fait de nous des individus uniques dans un monde interconnecté.

Dans un monde contemporain marqué par des divisions religieuses, culturelles et sociales de plus en plus visibles, il devient impératif de repenser le sens de l'unité. Cette unité ne peut être confondue avec l'uniformité ou la négation des différences. Elle réside plutôt dans la reconnaissance d'un principe universel : l'existence d'un lien profond entre tous les êtres humains, au-delà des formes extérieures de croyances.

Déjà dans l'Antiquité, Plotin parlait de « l'Un » comme source de toute chose, une réalité suprême qui transcende les multiples formes[56]. De la même manière, les grandes traditions spirituelles affirment une vérité commune : « *nous sommes tous appelés à vivre dans l'amour, la justice et la paix,* » valeurs présentes dans les écrits sacrés de l'humanité.

Le défi de la coexistence pacifique

Les différences entre les religions, rites, dogmes, symboles sont réelles. Pourtant, en étudiant les traditions, on découvre des convergences profondes :

- Le bouddhisme enseigne la compassion (*karuṇā*) comme voie vers l'éveil.[57]
- Le christianisme place l'amour du prochain au cœur de son message.[58]

[56] Plotin, *Les Ennéades*, Livre VI, Traité 9.
[57] Le Bouddha, *Sutta Nipāta*, chapitre IV.
[58] Jean 13:34, La *Bible*, Nouveau Testament.

- L'Islam rappelle que « *les peuples ont été créés pour se connaître* ».[59]
- L'hindouisme présente *Brahman* comme réalité divine universelle présente en chaque être[60].

Le philosophe Paul Ricoeur parlait d'hospitalité herméneutique : accueillir l'autre sans chercher à l'assimiler, en respectant sa différence[61].

La tolérance comme socle spirituel

La tolérance, loin d'être faiblesse, est une forme supérieure d'intelligence du cœur.

- Voltaire disait : « La tolérance est le privilège de l'humanité »[62].
- Mahatma Gandhi insistait que « la tolérance est l'alpha et l'oméga de la spiritualité ».[63]
- Martin Buber développe la relation « Je-Tu », invitant à rencontrer l'autre dans sa dignité existentielle[64].
- Hans Küng rappelait que « sans dialogue entre religions, pas de paix entre nations »[65].

À travers l'histoire, des jalons d'harmonie entre les peuples et leurs croyances

- Cordoue médiévale fut un foyer de coexistence intellectuelle entre musulmans, juifs et chrétiens.[66]
- L'Inde, avec des traditions comme le sikhisme, a su intégrer différentes influences spirituelles.[67]
- En Afrique, le concept d'ubuntu exprime l'interconnexion de toute l'humanité[68].

L'unité intérieure, fondement de l'unité mondiale

- Carl Jung disait : *« Celui qui regarde à l'extérieur rêve ; celui qui regarde à l'intérieur s'éveille »*[69].
- Et Krishnamurti affirmait : *« Ce n'est pas un signe de bonne santé d'être bien adapté à une société profondément malade »*[70].

Unir le monde par l'amour et le respect

- Le Dalaï Lama enseigne : *« Toutes les grandes traditions religieuses partagent le même message : celui de l'amour, de la compassion, de la tolérance »*[71].

L'unité dans la diversité spirituelle : Une exploration profonde à travers les âges et les traditions dans un monde de plus en plus polarisé, où les différences religieuses, culturelles et sociales apparaissent comme des sources évidentes de division, il devient crucial de repenser le sens de

---

[59] Le *Coran*, sourate 49, verset 13.
[60] Brihadaranyaka Upanishad, I.4.10
[61] Paul Ricoeur, *Soi-même comme un autre*, 1990.
[62] Voltaire, *Traité sur la tolérance*, 1763.
[63] Mahatma Gandhi, *Tous les hommes sont frères*, 1958.
[64] Martin Buber, *Je et Tu* (Ich und Du), 1923.
[65] Hans Küng, *Déclaration pour une éthique planétaire*, 1993.
[66] María Rosa Menocal, *The Ornament of the World: How Muslims, Jews, and Christians Created a Culture of Tolerance in Medieval Spain*, 2002.
[67] Khushwant Singh, *Une histoire des Sikhs*, 1963.
[68] Desmond Tutu, *No Future Without Forgiveness*, 1999.
[69] Carl Gustav Jung, *Psychologie et alchimie*, 1944.
[70] Jiddu Krishnamurti, *La Vérité est un pays sans chemin*, conférences, 1929.
[71] Dalaï Lama, *Ethique pour un nouveau millénaire*, 1999.

l'unité. Cette unité, loin de signifier une uniformité imposée ou une dissolution des identités particulières, réside plutôt dans la reconnaissance de ce qui nous unit en tant qu'êtres humains au-delà de nos croyances, cultures et apparences extérieures.
Elle s'orchestre dans la diversité des spiritualités, des traditions philosophiques et des pratiques humaines, par la rencontre de l'amour, de la compassion, de la justice et de la paix.

1. L'unité dans la diversité : une perspective antique

La quête de l'unité dans la diversité spirituelle trouve de nombreuses racines dans l'Antiquité. Le philosophe néoplatonicien Plotin, dans ses *Ennéades*, proposait la notion de « l'Un » : une réalité suprême, transcendant toute multiplicité, qui serait à l'origine de tout ce qui existe. L'Un, pour Plotin, représente l'essence de toute réalité, qui se déploie dans la multiplicité des formes, tout en restant indivisible et immuable. Selon lui, l'univers, bien que profondément diversifié, demeure une expression de cette unité fondamentale. En d'autres termes, malgré les nombreuses formes de vie et de croyances, tout trouve sa source dans un principe unificateur.

Ce principe de l'unité transcendant les différences est également visible dans les religions anciennes. Dans l'hindouisme, par exemple, la notion de Brahman incarne une réalité divine universelle, indivisible et omniprésente, et la multiplicité des formes d'existence (les dieux, les êtres humains, la nature) n'est qu'une manifestation de cette unité profonde.

Le Vedanta, une école philosophique hindoue, enseigne que toutes les formes et manifestations de la réalité sont des apparences temporaires du Brahman, dont la nature ultime est l'unité absolue.

L'unité dans la diversité se manifeste également dans le bouddhisme. Le karma et la compassion (karuṇā) forment la base de l'éveil spirituel. La vie individuelle n'est pas un processus isolé, mais une série de relations interconnectées qui, au bout du compte, mènent à une compréhension de l'unité fondamentale de tous les êtres.

Ainsi, la notion antique d'unité transcendant la diversité s'inscrit à la fois dans une recherche mystique et philosophique, et trouve une résonance particulière dans les spiritualités orientales, qui affirment la non-dualité et l'interconnexion de toutes les formes de vie.

2. Unité et diversité dans les grandes religions monothéistes

Les trois grandes religions monothéistes : le judaïsme, le christianisme et l'islam partagent un principe fondamental : « *l'unité de Dieu.* » Toutefois, elles abordent la question de l'unité et de la diversité de manière différente, en tenant compte de leur histoire, de leurs textes sacrés et de leur vision du monde.

Le christianisme : L'amour du prochain comme fondement de l'unité

Dans le christianisme, l'unité dans la diversité est notamment incarnée par l'enseignement de Jésus-Christ, qui a mis l'accent sur l'amour du prochain. Le Nouveau Testament nous invite *« à aimer notre prochain comme soi-même et à voir Dieu dans chaque être humain. »*[72] Par exemple, l'Évangile selon Matthieu enseigne que *« ce que nous faisons aux autres, nous le*

[72] Jean 13:34, La *Bible*, Nouveau Testament.

faisons à Dieu lui-même. »[73] Ainsi, l'idée chrétienne de l'unité est fondée sur l'amour et la solidarité. Cette vision appelle à dépasser les barrières sociales, ethniques, ou religieuses pour créer une communauté universelle fondée sur l'amour inconditionnel.

L'apôtre Paul, dans ses lettres, met également en avant l'idée de l'unité chrétienne malgré la diversité des individus. Dans l'Épître aux Galates, il écrit : *« Il n'y a plus ni Juif ni Grec, il n'y a plus ni esclave ni libre, il n'y a plus ni homme ni femme ; car vous êtes tous un en Jésus-Christ. »*[74] Cela suggère que, bien que le monde soit fait de différences sociales et culturelles, il existe une unité profonde dans la foi chrétienne qui transcende ces distinctions.

L'islam : Une fraternité mondiale fondée sur la diversité des peuples

L'islam, quant à lui, prône également l'unité de l'humanité, mais tout en reconnaissant la diversité des peuples. Le Coran déclare : *« Ô vous les hommes, nous vous avons créés d'un mâle et d'une femelle, et nous avons fait de vous des peuples et des tribus pour que vous vous connaissiez. »*[75] Ce verset souligne que les différences entre les peuples, qu'elles soient ethniques, culturelles ou religieuses, ne sont pas un obstacle à la fraternité humaine, mais une richesse qui doit être célébrée et comprise. En Islam, l'unité repose sur la soumission à un Dieu unique (Allah), mais cela ne nie pas la diversité des cultures et des traditions.

L'idée de "la Ummah" (la communauté islamique) est également un principe central qui unifie les croyants à travers le monde, tout en reconnaissant que chaque peuple a ses spécificités culturelles et sociales.

Le judaïsme : Unité et diversité dans l'alliance avec Dieu

Dans le judaïsme, l'unité divine se manifeste à travers la conception de l'Unité de Dieu (le Shema, la prière centrale du judaïsme : *« Écoute, Israël, l'Éternel, notre Dieu, l'Éternel est un »)*. Cependant, cette unité divine s'exprime aussi dans la diversité des nations et des peuples, créés à l'image de Dieu, mais appelés à une mission particulière. Les Juifs, en tant que peuple élu, sont appelés à témoigner de l'unité divine à travers leurs actions, tout en respectant les autres peuples.

Dans la Torah, l'invitation à la fraternité et à l'accueil des étrangers renforce cette idée que la diversité est essentielle dans le plan divin, et que l'unité ne signifie pas l'annihilation des différences, mais leur reconnaissance dans un projet commun de justice et de paix.[76]

3. La tolérance et le dialogue interreligieux comme valeurs de l'unité

La tolérance, telle qu'exprimée dans le dialogue interreligieux, joue un rôle fondamental dans l'établissement de l'unité dans la diversité. Le philosophe Paul Ricoeur évoquait la notion d'hospitalité herméneutique, un principe qui consiste à accueillir l'autre dans sa différence, sans chercher à l'assimiler ni à le convertir. L'hospitalité, dans cette perspective, devient un acte d'amour, où le respect de l'autre précède toute forme de jugement ou de tentation d'uniformiser les croyances.

---

[73] Matthieu 25:31-46, La *Bible*, Nouveau Testament.
[74] Galates 3:28, La Bible, Nouveau Testament.
[75] Coran, Sourate 49:13.
[76] Exode 22:20, La Bible. Ancien Testament.

Mahatma Gandhi, quant à lui, soulignait que *« la tolérance est l'alpha et l'oméga de la spiritualité »*. Pour Gandhi, la tolérance n'est pas un acte de faiblesse, mais une forme de sagesse et de compréhension profonde des réalités humaines. Dans sa vision, la tolérance est une condition préalable à toute véritable spiritualité, puisqu'elle permet de transcender les divisions et de favoriser l'harmonie.

Martin Buber, dans sa célèbre notion du *« Je-Tu »*, développe une relation dialogique entre l'individu et l'autre. Pour Buber, l'autre n'est pas un objet à posséder ou à comprendre de manière absolue, mais un sujet à rencontrer dans sa propre dignité, un acte fondamental de l'unité spirituelle.

4. Les philosophies africaines et la pensée orale

Les philosophies africaines, en particulier celles qui reposent sur la sagesse ancestrale et la pensée orale, ont une approche profondément holistique de l'unité et de la diversité. Le concept d'Ubuntu, par exemple, est une notion clé dans la pensée des peuples d'Afrique subsaharienne. Le mot *« Ubuntu »* peut se traduire par *« Je suis parce que nous sommes »*, soulignant que l'individu trouve sa dignité et son identité dans la communauté. Cette philosophie met l'accent sur l'interconnexion et l'interdépendance de tous les êtres humains, et appelle à une forme de solidarité qui dépasse les différences sociales, ethniques et religieuses.

Dans l'esprit de l'Ubuntu, la diversité des cultures et des croyances est non seulement acceptée, mais valorisée, dans la mesure où elle enrichit la communauté humaine tout entière. C'est à travers la reconnaissance de cette diversité que l'on peut parvenir à une unité fondée sur l'amour, le respect et la compréhension mutuelle.

5. Vers une unité globale fondée sur l'amour et le respect

L'unité dans la diversité spirituelle, loin d'être un idéal abstrait ou un simple slogan, est une aspiration profondément enracinée dans toutes les grandes traditions religieuses et philosophiques. De Plotin à la pensée chrétienne, de l'Islam à la sagesse africaine de l'Ubuntu, toutes ces philosophies, anciennes et modernes, nous rappellent qu'il est possible de créer une communauté humaine fondée sur la reconnaissance des différences, tout en affirmant un principe d'unité supérieure qui transcende ces différences.

Dans le contexte actuel de mondialisation, de tensions sociales et religieuses croissantes, l'appel à une telle unité devient plus urgent que jamais. Seule une ouverture véritable à l'autre, une tolérance active, et un respect mutuel permettra de bâtir une société plus juste, plus fraternelle et plus spirituellement éveillée.

Ainsi, en embrassant cette unité dans la diversité, nous contribuons à la construction d'un monde meilleur, fondé sur des valeurs universelles de paix, d'amour et de compréhension vers une spiritualité universelle.

Les réflexions sur l'unité dans la diversité spirituelle nous conduisent naturellement à une question plus vaste : celle de la possibilité d'une spiritualité universelle, capable d'embrasser la totalité de l'expérience humaine au-delà des appartenances religieuses ou culturelles. Si chaque tradition porte en elle une étincelle de vérité, si chaque peuple a contribué, à sa manière, à la quête du sens et de la transcendance, alors une voie commune peut émerger, non pas pour effacer les différences, mais pour les inscrire dans un horizon partagé.

Dans un monde en quête de repères, confronté à des crises multiples : écologiques, sociales, identitaires l'urgence d'un langage spirituel commun devient plus évidente. Une telle spiritualité ne serait pas une nouvelle religion, ni une synthèse artificielle, mais plutôt une invitation à reconnaître les valeurs universelles présentes dans toutes les sagesses : la compassion, la paix, la justice, la solidarité, l'éveil intérieur.

Ainsi s'ouvre le chapitre suivant, consacré à cette dimension universelle de la spiritualité – non comme un concept abstrait, mais comme un chemin vivant, profondément humain, porteur d'espoir et d'unité pour les générations présentes et futures.

Chapitre V

La spiritualité universelle

" Un chemin pour l'humanité "

L'histoire de l'humanité est marquée par des siècles de recherche du sens de la vie, de quête de vérité et de connexion avec le divin. Ce chemin, bien que varié, n'est pas fondamentalement différent à travers les différentes traditions spirituelles et religieuses. Au fond, toutes les grandes religions et philosophies spirituelles ont pour objectif de guider l'humain vers une réalisation supérieure de soi-même et du monde, de l'unité avec le divin et de la paix intérieure.

La spiritualité universelle est un chemin qui reconnaît que, au-delà des différences doctrinales et culturelles, il existe une vérité commune, un principe universel, que toutes les âmes humaines cherchent à découvrir, à comprendre et à expérimenter. Elle est un pont entre les religions, une invitation à vivre dans l'harmonie, la tolérance et l'amour, au-delà des frontières imposées par la tradition.

La quête commune est un même but spirituel, qu'il s'agisse du Christianisme, de l'Islam, du Judaïsme, du Bouddhisme, de l'Hindouisme ou des traditions ancestrales africaines, toutes ces voies spirituelles cherchent à élever l'être humain, à l'amener à se libérer des illusions de l'ego, à reconnaître sa nature divine et à vivre dans l'amour, la paix et la justice.

Le but ultime de la spiritualité universelle n'est pas d'exiger un système de croyance unique, mais de permettre à chacun de trouver sa propre voie vers la sagesse divine, qu'il s'agisse d'une relation personnelle avec Dieu, de l'adhésion à des principes éthiques universels ou de l'engagement dans des pratiques méditatives qui ouvrent l'esprit à une dimension supérieure.

L'unité divine au cœur de la diversité spirituelle, les grandes traditions mystiques et spirituelles de l'humanité nous rappellent que, malgré les apparentes divisions entre les religions, le divin est une unité absolue qui se révèle à chacun selon la forme et le langage qui lui sont propres. Tous les chemins mènent à Dieu, qu'il soit connu sous les noms de Yahvé, Allah, Shiva, Christ, ou encore à travers l'énergie primordiale de la nature.

- Le bouddhisme, par exemple, ne reconnaît pas un Dieu personnel, mais cherche à unir l'individu à la vérité universelle (Dharma)[77] et à la lumière intérieure.
- Le christianisme invite à une relation personnelle avec Jésus-Christ, qui est perçu comme l'incarnation de l'Amour divin.
- L'Islam, en mettant l'accent sur la soumission à la volonté de Dieu (Allah), cherche à faire de chaque croyant un instrument de paix et de justice sur Terre.

---

[77] Dharma : Le chemin de la vérité et de l'éveil intérieur

- Les religions africaines traditionnelles, quant à elles, ont toujours intégré le polythéisme et l'animisme dans une vision plus globale, où chaque force de la nature, chaque ancêtre, chaque esprit est une manifestation d'un principe divin unique.

Toutes ces traditions soulignent, d'une manière ou d'une autre, que le Divin transcende les frontières humaines et qu'il est présent en toute chose, qu'il s'agisse d'une fleur, d'un arbre, d'un vent ou d'un homme. L'Unité Divine se trouve dans la diversité et c'est cette diversité qui rend chaque chemin spirituel si précieux.

Cette quête universelle, si elle trouve ses racines dans les traditions anciennes, s'incarne également dans la vie intérieure de chacun, et dans son impact sur la société."

La spiritualité comme voie de transformation personnelle et collective

La spiritualité universelle n'est pas qu'un idéal abstrait. Elle a des conséquences profondes et pratiques sur l'individu et la société. Une âme éveillée, un individu qui vit dans l'harmonie avec son essence divine, se comporte différemment dans le monde *« il est plus aimant, plus tolérant, plus généreux, plus pacifique. »*

Les sociétés qui nourrissent la spiritualité véritablement vécue connaissent une plus grande harmonie sociale. La recherche de la justice sociale, le respect de l'environnement, et le respect des droits humains sont des résultats directs d'une pratique spirituelle authentique.

Dans un monde souvent frappé par l'individualisme, les inégalités et les conflits, la spiritualité universelle invite l'individu à transcender ses désirs personnels et à œuvrer pour le bien-être collectif, à développer une conscience sociale et universelle.

Le Pape François (paix et bénédictions sur lui), dans son appel à la fraternité mondiale, a d'ailleurs souligné que les religions doivent se rassembler pour guérir les blessures de l'humanité et apporter un message de paix. Il a déclaré *« La paix entre les hommes dépend de la fraternité, et la fraternité repose sur le respect de la dignité humaine. »*[78]

Des exemples inspirants de spiritualité universelle, nombreux grands leaders spirituels ont incarné cette vision de la spiritualité universelle. Le Mahatma Gandhi, par exemple, prônait une véritable union des religions, convaincu que toutes les traditions spirituelles partagent des valeurs communes et doivent œuvrer ensemble pour le bien de l'humanité.[79]

Martin Luther King Jr, inspiré par l'amour divin et les principes non-violents du Christ, a lutté pour les droits civiques et la justice sociale, en affirmant que l'amour est la seule force capable de changer le monde. Ses discours ont inspiré des millions de personnes, transcendant les différences de race et de culture, en appelant à une fraternité universelle.[80]

[78] Pape François, *Fratelli Tutti*, Encyclique sur la fraternité et l'amitié sociale, 2020.
[79] Mahatma Gandhi, extrait de ses discours sur la non-violence et l'unité des religions.
[80] Martin Luther King Jr., discours *Love Your Enemies*, 1957.

Dans le domaine spirituel, des figures comme Rûmî, le poète soufi, ont exprimé la recherche de l'unité à travers la poésie mystique. Pour Rûmî, il n'y avait pas de différence entre l'âme humaine et l'âme divine, et il invitait à l'unité avec le Tout. *« Il y a des milliers de façons d'entrer dans la lumière, mais une seule lumière. »*

Ces figures universelles montrent que la véritable spiritualité va au-delà des frontières et des divisions humaines. Elle relie les individus à une dimension supérieure de l'existence, les incitants à se reconnaître les uns les autres comme des frères et sœurs spirituels, malgré leurs différences extérieures.

Le chemin de l'unité spirituelle universelle n'est pas une religion en soi, mais une approche commune des principes spirituels universels l'amour, la tolérance, la paix et la justice. Elle nous invite à voir au-delà des clivages religieux, raciaux et culturels, et à nous reconnecter à ce qui nous unit notre humanité partagée et notre désir profond de vérité et d'amour.

Dans un monde où les divisions semblent croître chaque jour, il est urgent de répondre à l'appel à une spiritualité vivante, une spiritualité qui nous pousse à nous unir pour un monde meilleur. Il est essentiel que chaque individu, peu importe sa croyance, se souvienne que la quête spirituelle est la même pour tous, et que nous pouvons la parcourir ensemble, dans l'esprit de fraternité, d'amour et de solidarité.

Vers une conscience élargie de la spiritualité

La spiritualité universelle s'ancre dans une époque marquée par la globalisation et la crise des repères. Elle ne se contente plus de répondre à la question *« Qui est Dieu ? »*, mais pose aussi celle de *« Qui suis-je ? »* et *« Quelle est ma responsabilité envers les autres êtres vivants ? »*

Nous découvrons que la spiritualité ne se limite pas au domaine religieux. Elle irrigue aussi :

- La science, lorsqu'elle explore les mystères de la conscience.
- L'art, qui touche à l'invisible à travers la beauté.
- L'écologie, qui reconnaît la Terre comme vivante et sacrée.
- La psychologie, qui ouvre un chemin vers la connaissance de soi et la guérison intérieure.

La véritable spiritualité universelle est une conscience intégrale, qui relie l'être à son essence, aux autres, et à la totalité du vivant.

La réincarnation dans la nature : un cycle sacré de transformation

Au sein de nombreuses traditions spirituelles, la vie n'est pas perçue comme une ligne droite entre naissance et mort, mais comme un cycle sacré de transformation, où l'âme, telle une graine cosmique, poursuit son évolution à travers divers corps, expériences, et formes d'existence. Cette vision circulaire de la vie, présente dans les spiritualités anciennes comme contemporaines, trouve un écho profond dans les rythmes de la nature elle-même.

Les saisons, les phases lunaires, la métamorphose des insectes, ou encore la loi de la conservation de l'énergie en physique, témoignent tous d'un mouvement perpétuel de renaissance et de transformation. Comme le disait Lavoisier, pionnier de la chimie moderne : « Rien ne se perd, rien ne se crée, tout se transforme. » [81]

Dans ce même esprit, le bourgeon devient fleur, la fleur devient fruit, le fruit tombe à terre, retourne à l'humus, nourrit la vie, et recommence. Cette sagesse naturelle est au cœur des traditions spirituelles anciennes.

Réincarnation dans les grandes sagesses

- Dans l'hindouisme, le cycle du *samsāra* décrit le passage de l'âme (*âtman*) à travers de multiples naissances, jusqu'à sa libération ultime (*moksha*).
- Le bouddhisme voit la réincarnation comme un cycle de souffrance (*dukkha*) dont on peut se libérer par l'éveil à la vacuité.
- Dans le platonisme, l'âme est immortelle et voyage de corps en corps ; Platon, dans le *Phèdre*, évoque les âmes ailées tombant sur Terre et renaissant selon leur niveau de conscience.
- La Bible évoque la poussière dont nous venons et vers laquelle nous retournons : *« Tu es poussière, et tu retourneras à la poussière. »* Un rappel du cycle naturel plus qu'une condamnation.[82]
- Dans le Coran, Dieu est décrit comme Celui qui fait revivre la Terre après sa mort : « *Regarde les traces de la miséricorde de Dieu : comment Il redonne la vie à la Terre après sa mort. »*[83]

La sagesse ancestrale et africaine

Dans les spiritualités africaines traditionnelles, l'idée de réincarnation est liée à l'esprit des ancêtres qui ne disparaît jamais, mais continue d'exister dans la nature, les naissances, les rêves et les symboles. Chez les Yorubas, par exemple, les enfants peuvent être la « *réapparition* » d'un aïeul, et la nature (arbres, rivières, roches) est un sanctuaire animé par la présence d'esprits anciens.

Comme le disait Amadou Hampâté Bâ, gardien de la tradition africaine : *« L'homme ne meurt jamais vraiment. Il retourne simplement à la source. »*[84]

Chez les peuples autochtones d'Amérique, *« la Terre est une mère vivante, et les esprits peuvent se réincarner en animaux, plantes ou éléments naturels pour transmettre leurs enseignements. »*

Science, écologie et spiritualité vers une conscience unifiée

Les sciences modernes, bien qu'utilisant un langage différent, confirment que la matière et l'énergie ne disparaissent pas mais se transforment sans cesse. La biologie cellulaire montre que les éléments constitutifs de notre corps viennent des étoiles (poussières d'étoiles), sont recyclés par la terre, et nourrissent d'autres formes de vie. La physique quantique, avec sa

---

[81] Lavoisier, Antoine, *Traité élémentaire de chimie*, 1789.

[82] Genèse 3:19, La Bible, traduction Louis Segond.
[83] Coran, Sourate 30, verset 50, traduction du sens des versets.
[84] Amadou Hampâté Bâ, *Vie et enseignement de Tierno Bokar*, 1957.

vision non linéaire du temps et de la réalité, rejoint parfois les intuitions des mystiques : tout est interconnecté, et la conscience pourrait ne pas être localisée uniquement dans le corps.[85]

Cette convergence entre sciences naturelles et sagesses spirituelles nourrit aujourd'hui une écospiritualité, dans laquelle chaque être, humain ou non, est perçu comme une expression transitoire mais sacrée du Vivant.

« Le divin est l'herbe qui repousse, la pluie qui tombe, la poussière qui s'élève. Il n'est jamais ailleurs que dans ce qui est. » Hildegarde de Bingen, mystique chrétienne du XIIe siècle.[86]

Une spiritualité du vivant

La réincarnation dans la nature nous enseigne une leçon essentielle, nous ne sommes ni séparés ni supérieurs au vivant, nous sommes la nature en transformation constante. Cette perspective invite à une humilité radicale, à une compassion étendue à toutes les formes de vie, et à une redéfinition de notre place sur Terre non comme maîtres, mais comme participants du mystère cosmique.

« Ce que tu fais à la Terre, tu le fais à toi-même. Car tu es la Terre, tu es l'eau, tu es la lumière. » Parole inspirée du chef Seattle (peuple Suquamish)

La spiritualité universelle ne cherche ni à uniformiser les croyances, ni à abolir les différences culturelles, mais à rappeler que derrière chaque tradition spirituelle se cache une aspiration commune : celle de l'unité, de la paix intérieure et du lien sacré entre tous les êtres. Elle est une invitation à dépasser les dogmes pour retrouver l'essence vivante du spirituel, une force d'amour, de transformation et de fraternité.

Dans un monde traversé par les divisions, les crises écologiques et les souffrances humaines, cette voie universelle offre une réponse profonde, celle d'une conscience élargie, capable d'embrasser l'humain, le vivant, et le mystère de l'existence dans une même vision sacrée. Marcher sur ce chemin, c'est reconnaître que l'humanité n'est pas une somme d'individus séparés, mais une grande famille en quête de lumière.

La spiritualité universelle, loin d'être une utopie, est peut-être l'un des plus grands appels de notre époque, réconcilier l'homme avec lui-même, avec les autres, et avec la Terre, pour bâtir ensemble un avenir fondé sur la sagesse, l'harmonie et l'amour partagé.

Contre-arguments et réfutations : Réflexions sur la spiritualité universelle

1. **"Toutes les religions ne peuvent pas mener à un même Dieu."**

   Contre-argument : Certaines traditions religieuses affirment détenir la vérité absolue, ce qui signifie que toutes les autres religions seraient fausses ou trompeuses. Accepter un Dieu unique derrière toutes les religions pourrait relativiser cette vérité et trahir la foi personnelle.

   Réfutation : La reconnaissance d'un même Dieu sous différentes formes ne dénature pas la vérité d'une religion spécifique, mais invite à une humilité collective. Plusieurs

[85] Chef Seattle, discours attribué vers 1854, dans *Brother Eagle, Sister Sky*, adaptation poétique.
[86] Hildegarde de Bingen, citations extraites de ses visions mystiques dans *Scivias*.

textes sacrés, tels que le Coran ou la Bible, illustrent l'idée que Dieu est au-delà de toute compréhension humaine et qu'Il se révèle différemment selon les cultures et les peuples.

- Coran : *"À Dieu appartiennent les noms les plus beaux"*, ce qui invite à voir Dieu sous plusieurs aspects et attributs.[87]
- Bible: Paul annonce aux Athéniens que même ce qu'ils adorent sans le savoir est une manifestation de Dieu. Cela montre que Dieu agit au-delà des frontières religieuses.[88]

2. **"Le cœur humain ne peut être une église : il est instable, faible, corrompu."**

Contre-argument : Selon certaines doctrines, le cœur humain est pécheur, trompeur, et donc ne peut être une source fiable pour guider la foi.[89]

Réfutation : Il est indéniable que le cœur humain peut être influencé par ses passions et ses faiblesses, mais il reste également le lieu de la compassion, de l'amour et de la foi véritable. Les textes spirituels, qu'ils soient chrétiens, musulmans ou bouddhistes, soulignent que le cœur, lorsqu'il est purifié, devient le lieu de la rencontre avec Dieu.

- Jésus : *"Le Royaume de Dieu est au-dedans de vous."* [90]
- Prophète Muhammad (saws) : *"Il y a dans le corps un morceau de chair, que s'il est sain, tout le corps est sain... c'est le cœur."*
- Bouddhisme : L'éveil spirituel réside dans la purification et l'apaisement du cœur.

3. **"La liberté religieuse mène à la confusion ou à l'anarchie spirituelle."**

Contre-argument : Si chacun suit sa propre voie, sans guide, sans communauté ni règles, la foi devient désordonnée et perd sa cohérence.

Réfutation : La liberté religieuse ne signifie pas l'absence de cadre, mais plutôt un choix éclairé. L'histoire montre que la contrainte religieuse conduit souvent à l'hypocrisie, à la violence ou au rejet, tandis qu'une foi libre, choisie librement, devient plus sincère et plus profonde.

- Coran : "Nulle contrainte en religion", ce qui repose sur l'idée de liberté spirituelle.[91]
- Bouddhisme : Les enseignements de Bouddha insistent sur l'expérience intérieure personnelle, sans adhésion forcée.
- Mystiques chrétiens, musulmans et hindous : Souvent en désaccord avec les institutions religieuses, ils témoignent d'une foi libre, plus proche du Divin.

4. **"L'universalité spirituelle efface les identités culturelles et religieuses."**

Contre-argument : Certains craignent qu'en parlant de spiritualité universelle, on nie la richesse des traditions spécifiques, ou qu'on homogénéise les croyances.

[87] Coran, Sourate 7:180.
[88] Actes 17:23, La Bible, Nouveau Testament.
[89] cf. Jérémie 17:9, La Bible, Ancien Testament.
[90] Luc 17:21, La Bible, Nouveau Testament.
[91] Coran, Sourate 2:256.

Réfutation : Au contraire, la spiritualité universelle honore la diversité des traditions tout en reconnaissant un souffle commun à toutes. Comme un jardin où chaque fleur contribue à la beauté du tout, chaque tradition apporte une compréhension unique et précieuse.

- Rûmî : “Les lampes sont différentes, mais la lumière est la même.”
- Culture africaine : La diversité est une richesse, et chaque culture est une voix dans l’harmonie de l’humanité.

Réconcilier la diversité des croyances religieuses et culturelles avec l’idée d’un Dieu unique, d’une foi intérieure libre, et d’une spiritualité universelle

L’unité divine ne supprime pas la diversité humaine, mais l’embrasse. La pluralité des noms de Dieu, des rites et des traditions témoigne de la richesse infinie de la Révélation, qui s’adapte à chaque culture et à chaque peuple. Dieu n’appartient à aucune religion spécifique. Il est présent dans chaque acte de sincérité, dans la prière d’un enfant, dans l’amour entre deux êtres, et dans la justice accomplie.

Les grands textes sacrés, de la Bible au Coran, des enseignements de Bouddha aux sagesses africaines, convergent vers cette vérité : Dieu est Un, et l’humanité est une famille mondiale. Le cœur humain est le premier sanctuaire où la vérité se trouve, non pas comme un dogme imposé, mais comme une expérience vivante. Cette foi, librement choisie, devient une force de paix, de responsabilité et de fraternité.

La spiritualité universelle n’efface aucune tradition. Elle invite toutes les religions à dialoguer, à s’écouter et à se reconnaître dans l’appel commun à aimer, à pardonner et à servir. La liberté de croire, de douter, de chercher, et de ne pas juger, est essentielle pour un avenir où la foi ne divise plus, mais unit.

Conclusion

À travers les multiples noms que l'humanité donne à Dieu, les rites, les traditions et les croyances, une vérité silencieuse se révèle : ***« Les chemins sont nombreux, mais la lumière est une. »*** L'unicité du divin ne nie pas la diversité humaine, elle l'embrasse. Chaque culture, chaque langue, chaque peuple a reçu une part de la Révélation. Dieu n'appartient à aucune religion ; il se laisse trouver dans le cœur sincère, la prière discrète, l'acte juste accompli dans l'ombre.

C'est dans le cœur humain, ***ce « sanctuaire vivant au centre de l'être, que réside la véritable rencontre »***. Là où l'âme écoute et l'amour circule, naît la foi authentique. Le cœur est la première église, le temple intérieur où Dieu parle sans bruit, sans dogme, sans mur. C'est là que l'on découvre une lumière intime, libre et vivante.

La foi véritable ne connaît ni cage, ni masque, ni crainte. ***« Sans cage, sans masque, sans crainte »***, me disait ma grand-mère : ***« Le Dieu que tu cherches dans le ciel dort peut-être dans le silence de ton cœur. »*** La foi libre n'est pas une obligation, mais une adhésion. Elle est choix intime, force intérieure, lien direct avec le divin. Elle ne se crie pas, elle se vit.

Dans cette liberté intérieure, une évidence s'impose : ***« Quand la liberté du cœur révèle l'unité derrière les différences. »*** Comme la nature, riche et diverse, reflète une harmonie profonde, les traditions spirituelles sont autant de vitraux que la lumière divine traverse. Aucune voix sincère ne domine une autre : elles s'accordent, elles résonnent ensemble dans la grande symphonie de l'humanité.

Affirmer une spiritualité universelle, ***« un chemin pour l'humanité »,*** ce n'est pas nier les traditions. Ce sont les invités au dialogue, à l'écoute, à la reconnaissance mutuelle. Les sagesses du monde, des Évangiles au Coran, des paroles du Bouddha aux proverbes africains, convergent toutes vers une vérité partagée : aimer, pardonner, servir, élever.

Nous avons marché à travers les noms et les visages.
Nous avons vu Dieu dans les histoires anciennes, les battements du cœur, le silence, la danse.
Ce voyage n'était pas une quête de certitudes, mais une ouverture à une évidence intérieure.

Le Dieu que tu cherches est déjà là dans ton souffle, dans ta lumière.
Le cœur que tu crois briser est un sanctuaire.
La liberté que tu attends est en toi.

Réconcilier la diversité religieuse avec l'unicité divine, ce n'est pas effacer les différences.
C'est cultiver la tolérance, la conscience et l'amour, en nous et entre nous.
C'est croire qu'au-delà des murs bâtis par les hommes, Dieu n'a jamais cessé de marcher avec chacun de nous.

Alors que ce livre se referme, qu'il ne soit pas une fin, mais un point de départ.
Une invitation à cultiver ton église intérieure.
À faire grandir ta liberté de croire.
Et à avancer humblement vers un monde plus juste, plus spirituel, plus fraternel.

Un Dieu, Un cœur, Une liberté. 

Réflexions personnelles

Le divin ne s'impose pas, il se propose.
Ce n'est pas Dieu qu'on enferme dans les dogmes, c'est souvent notre peur de la liberté.
La foi est comme l'eau : elle prend la forme du vase qui l'accueille, mais reste toujours eau.
Le vrai combat n'est pas entre les religions, mais entre l'amour et la peur.

Prière finale
Voix du cœur universel

Ô Source unique aux mille visages,
Entends la prière qui ne passe pas toujours par les lèvres.
Mais qui bat dans chaque cœur sincère.

Toi qui es là,
Dans les temples, les forêts, les visages, les silences,
Aide-nous à nous souvenir :
Nous sommes de la même lumière.
Venus par des chemins différents,
Mais appelés à marcher ensemble.

Fais de nous des passeurs de paix.
Des bâtisseurs de ponts.
Des porteurs de feu,
Mais d'un feu qui réchauffe, pas qui brûle.

Que chaque jour soit une offrande,
et chaque vie, un chant.

Amen. Ase. Ameen. Namasté. Amine...

À propos de l'auteur

Un Dieu, Un cœur, Une liberté.

Junior Luc ADENI AULE est un passionné de spiritualité, de dialogue interreligieux, de recherche, de lecture et des traditions orales africaines. Nourri par la richesse des sagesses ancestrales et des grandes traditions philosophiques du monde, il explore les ponts entre les cultures, les croyances et les aspirations universelles de l'humanité.

Nilotique originaire de la Province de l'Ituri, en République Démocratique du Congo, il a grandi au carrefour des récits familiaux, des enseignements religieux, de la vie en maison de formation des Frères de l'Instruction Chrétienne (FIC), de l'internat et de divers engagements communautaires.

Après des études en ingénierie et passionné de technologie et d'informatique, il s'est engagé dans une réflexion profonde sur les liens entre spiritualité et éthique, entre mémoire et avenir.

Ce livre s'inscrit dans une démarche à la fois personnelle et collective : faire entendre la voix des sages, anciens, prophètes, philosophes, poètes et penseurs dans un langage contemporain, accessible à toutes les générations. À travers cette œuvre, Junior Luc invite à la reconnaissance de l'unicité, à une foi libre, au respect de la différence, à la quête de sens, et à la reconnaissance de l'autre comme chemin vers soi.

Il partage ses pensées ou ses écrits et échanger avec sa communauté sur les réseaux sociaux, où il est actif sur Facebook, TikTok et Instagram.

Contact

• Email: adenilsonaule@gmail.com
• Téléphone RDC: +243 811 131 111
• Téléphone Ouganda: +256 76 28 65 838
• Facebook: Junior Luc ADENI AULE
• TikTok: @junior_adeni
• Instagram: @junior_adeni_luc

Bibliographie

Textes sacrés

1. **La Bible**, *Nouveau Testament*, Jean 13:34 : « Aimez-vous les uns les autres comme je vous ai aimés. »
2. **Le Coran**, Sourate 49, verset 13 : « Ô hommes ! Nous vous avons créés d'un mâle et d'une femelle. »
3. **Brihadaranyaka Upanishad**, I.4.10 : « Cet Atman est Brahman. »
4. **Le Coran**, Sourate Al-Baqara (2:256) : « Nulle contrainte en religion... » — Traduction de la Fondation Roi Fahd.
5. **La Bible**, Évangile selon Luc 9:23 : « Que celui qui veut être mon disciple... »
6. **La Bible**, Matthieu 7:11.
7. **Le Coran**, Sourate Al-Baqara (2:186).
8. **Torah / Shema Israël**, Deutéronome 6:4 : « Écoute Israël, l'Éternel notre Dieu est un. »
9. **Le Saint Coran**, Sourate 50:16.
10. **La Sainte Bible**, 1 Corinthiens 3:16.
11. **Le Saint Coran**, Sourate 50:16.
12. **Bhagavad-Gîtâ**, trad. Émile Senart.
13. **Dhammapada**, verset 1.

Philosophie et Spiritualité

14. **Plotin**, *Les Ennéades*, Livre VI, Traité 9 : *Sur le Bien ou l'Un.*
15. **Paul Ricoeur**, *Soi-même comme un autre*, 1990.
16. **Martin Buber**, *Je et Tu*, 1923.
17. **Hans Küng**, *Déclaration pour une éthique planétaire*, 1993.
18. **Carl Gustav Jung**, *Psychologie et alchimie*, 1944.
19. **Jiddu Krishnamurti**, *La Vérité est un pays sans chemin*, conférences, 1929.
20. **Dalaï Lama**, *Ethique pour un nouveau millénaire*, 1999.
21. **Voltaire**, *Traité sur la tolérance*, 1763.
22. **Albert Einstein**, *The World As I See It*, 1949.
23. **Mircea Eliade**, *Le sacré et le profane*, Gallimard, 1965.
24. **Blaise Pascal**, *Pensées*, fragment 277.
25. **Thich Nhat Hanh**, *Le cœur des enseignements du Bouddha.*
26. **Jalâl ad-Dîn Rûmî**, *Masnavi*, traduction libre.
27. **Rûmî**, *Le Livre du Dedans* (Fîhi mâ fîhi), Rûmî, trad. Eva de Vitray-Meyerovitch, Albin Michel, 1996.
28. **Rûmî**, *Rubâ'iyyât* (Quatrains), traduction libre.
29. **Hildegarde de Bingen**, *Scivias.*

Sagesse africaine et traditions orales

30. **Proverbe oral** transmis par les aînés au Burkina Faso — Tradition orale.
31. **Récit traditionnel des Bissa du Burkina Faso** — Source orale.
32. **Nzambé, Mawu, Ruhanga, Olodumare**, Noms de Dieu dans diverses traditions africaines ; voir : Mbiti, John S., *Les religions africaines et la philosophie africaine*, Présence Africaine, 1969.
33. **Cheikh Amadou Bamba**, *Voir :* Searing, James F., *God Alone is King: Islam and Emancipation in Senegal: The Wolof Kingdoms of Kajoor and Bawol*, Heinemann, 2002.

34. **Sunjata Keïta**, *Épopée de Soundjata*, transmise oralement par les griots ; voir : Niane, Djibril Tamsir, *Soundjata ou l'épopée mandingue*, Présence Africaine, 1960.
35. **Amadou Hampâté Bâ**, *L'esprit de la tradition*, Présence Africaine.
36. **Marcel Griaule & Germaine Dieterlen**, *Le renard pâle.*
37. **Kofi Asare Opoku**, *West African Traditional Religion*, FEP International, 1978.
38. **Proverbe akan**, Cité dans *Sagesse africaine*, Éditions Seuil.
39. **Simon Kimbangu**, *Discours spirituels*, Fondation Kimbanguiste.

Figures spirituelles et politiques africaines

40. **Nelson Mandela**, Discours d'investiture, 10 mai 1994.
41. **Desmond Tutu**, *God Has a Dream: A Vision of Hope for Our Time*, Doubleday, 2004.
42. **Kwame Nkrumah**, *Africa Must Unite.*
43. **Patrice Lumumba**, Lettre à Pauline, 1960.
44. **Nelson Mandela**, *Un long chemin vers la liberté.*
45. **Wangari Maathai**, *Unbowed: A Memoir.*
46. **Marcus Garvey**, *Philosophy and Opinions.*
47. **Malcolm X**, *Autobiographie*, avec Alex Haley.
48. **Frantz Fanon**, *Les damnés de la terre.*
49. **Angela Davis**, *Femmes, race et classe.*
50. **Aimé Césaire**, *Cahier d'un retour au pays natal.*
51. **Cheikh Hamidou Kane**, *L'Aventure ambiguë.*
52. **Discours de Sankara**, Ouagadougou, 1983.
53. **Jean-Paul II**, Message pour la Journée mondiale de la Paix, 1er janvier 1988 : « La liberté religieuse est un droit fondamental... »
54. **Pape François**, *Fratelli Tutti*, Encyclique sur la fraternité et l'amitié sociale, 2020.
55. **Pape François**, *Document sur la fraternité humaine*, Abou Dabi, 4 février 2019.
56. **Cheikh Ahmadou Bamba**, *Recueil de sermons et enseignements oraux.*
57. **Youssoupha**, *Les racines de la musique et la spiritualité* — citations extraites de ses entretiens.

Ouvrages complémentaires

58. **María Rosa Menocal**, *The Ornament of the World: How Muslims, Jews, and Christians Created a Culture of Tolerance in Medieval Spain*, 2002.
59. **Khushwant Singh**, *Une histoire des Sikhs*, 1963.
60. **Hampâté Bâ, Amadou**, *Vie et enseignement de Tierno Bokar*, 1957.
61. **Amadou Hampâté Bâ**, *Parole d'ancien*, entretiens.
62. **Lavoisier, Antoine**, *Traité élémentaire de chimie*, 1789.
63. **Trinh Xuan Thuan**, *La mélodie secrète.*
64. **Rupert Sheldrake**, *Science et pratiques spirituelles.*
65. **Rûmî**, *Ne viens pas avec des dogmes, viens avec ton cœur* — Variante poétique, issue de diverses traductions libres du *Masnavi.*
66. **Chef Seattle**, Discours attribué vers 1854, dans *Brother Eagle, Sister Sky*, adaptation poétique.

Postface

Cette bibliographie, à la fois variée et riche, se veut une traversée des grandes traditions spirituelles, philosophiques et culturelles qui façonnent notre compréhension du monde et de l'humanité. Chaque ouvrage, chaque texte sacré, chaque pensée philosophique ou spirituelle vient apporter une perspective unique sur les thèmes de l'unité, de la tolérance, de la sagesse, et de l'éthique. À travers les siècles et les continents, des figures emblématiques ont œuvré pour l'élévation spirituelle et l'harmonie sociale, en mettant l'accent sur des principes universels qui transcendent les frontières culturelles et religieuses.

Les **textes sacrés** que l'on trouve en ouverture de cette bibliographie, qu'il s'agisse de la Bible, du Coran, des Upanishads ou du Dhammapada, rappellent les racines profondes de la pensée humaine. Ces écrits, imprégnés de la sagesse des ancêtres, offrent des enseignements intemporels sur l'amour, la fraternité, la compassion, et la relation à Dieu ou à l'Absolu.

Dans le domaine de la **philosophie et de la spiritualité**, des figures telles que Plotin, Paul Ricoeur, Martin Buber ou le Dalaï Lama, pour ne citer qu'elles, ont exploré les notions de l'Unité, de l'Être, et du Soi, tout en soulignant l'importance de la relation interpersonnelle, du dialogue interculturel et de la quête spirituelle individuelle. Ces penseurs nous invitent à remettre en question nos certitudes et à voir le monde sous un autre angle, celui de la compassion et de l'humanité partagée.

Les **sagesse africaine et traditions orales** occupent une place essentielle dans cette bibliographie. Enracinées dans la transmission orale, ces traditions racontent l'histoire de peuples qui ont su, malgré les épreuves, maintenir une profonde connexion à la nature, à l'âme collective et aux valeurs communautaires. L'oralité, incarnée par des figures comme Amadou Hampâté Bâ et les proverbes transmis de génération en génération, nous rappelle que la sagesse est souvent plus qu'un savoir théorique : elle est vécue, incarnée, et partagée dans le quotidien.

Les **figures spirituelles et politiques africaines**, quant à elles, montrent que la dimension spirituelle et la politique ne sont pas séparées, mais qu'elles s'entrelacent pour fonder des sociétés justes et équilibrées. De Nelson Mandela à Desmond Tutu, de Cheikh Amadou Bamba à Youssoupha, ces personnalités ont incarné des valeurs universelles de fraternité, de tolérance, et de justice sociale. Leur vision nous inspire à œuvrer pour la réconciliation, la dignité humaine, et l'égalité.

Enfin, les **ouvrages complémentaires** viennent enrichir cette réflexion, en offrant une variété de perspectives supplémentaires. Qu'il s'agisse des écrits de figures religieuses, mystiques ou scientifiques, chaque ouvrage nous pousse à interroger la place de l'Homme dans l'univers, sa relation à Dieu, à l'autre, et à soi-même.

En somme, cette bibliographie n'est pas seulement une liste de lectures, mais un appel à la réflexion et à l'action. Elle nous invite à embrasser la diversité des visions du monde, à tisser des liens entre les cultures et les croyances, et à construire une éthique de respect et d'amour. Car, comme le disait le Dalaï Lama : *« Toutes les grandes traditions religieuses partagent le même message : celui de l'amour, de la compassion, de la tolérance »*. C'est par la rencontre de ces diverses voix, par l'écoute de ces sagesses plurielles, que nous pourrons envisager un avenir fondé sur l'harmonie et la paix.

Printed by Books on Demand GmbH, Norderstedt / Germany